# AMOR
# VERDADERO

# DR. GARY SMALLEY

Autor del éxito de ventas *El lenguaje del amor*

# TED CUNNINGHAM

# Amor
# VERDADERO

*Disfrute el matrimonio que
siempre ha deseado*

**PORTAVOZ**

Título del original: *As Long as We Both Shall Live* © 2009 por Gary Smalley y Ted Cunningham y publicado por Regal, de Gospel Light, Ventura, California, U.S.A. Traducido con permiso.

Edición en castellano: *Amor verdadero* © 2011 por Editorial Portavoz, filial de Kregel Publications, Grand Rapids, Michigan 49501. Todos los derechos reservados.

Traducción: Rosa Pugliese

EDITORIAL PORTAVOZ
P.O. Box 2607
Grand Rapids, Michigan 49501 USA
Visítenos en: www.portavoz.com

ISBN 978-0-8254-1810-5

1 2 3 4 5 / 15 14 13 12 11

*Impreso en los Estados Unidos de América*
*Printed in the United States of America*

Yo (Gary) dedico este libro a mis maravillosos empleados del Centro de Relaciones Smalley. Todos los días me despierto asombrado de cómo Dios los usa para ministrar a parejas de todo el mundo. ¡Gracias a ustedes este mensaje mensaje se ha propagado!

Yo (Ted) dedico este libro a mis dos hijos. Corynn Mae: tu gran corazón y tus oraciones de cada noche me enternecen. Carson Matthew: tienes un gran sentido del humor y un corazón dado a la oración. ¡Estoy muy orgulloso de ustedes! Su mamá y yo oramos diariamente por sus futuros cónyuges para que ellos también aprendan las tres cosas más importantes de la vida: honrar a Dios, honrar a los demás y respetar lo que les pertenece a los demás.

# CONTENIDO

# AGRADECIMIENTOS

Margaret Feinberg, no hay otra como tú. Eres una talentosa artífice de la palabra y apasionada escritora. Tu capacidad se ve reflejada en cada página de este libro.

Un gran agradecimiento a Alex Field. Eres de gran aliento, y fue un placer trabajar contigo. Gracias, Kim Bangs, por tu dedicación y empeño en este proyecto.

¡Gracias, Regal y Gospel Light! Bill Greig, lideras a tu equipo con excelencia.

También queremos agradecer a todo el personal del Centro de Relaciones Smalley. Todos los días prestan servicio a matrimonios de todo el mundo. Su duro trabajo no pasa inadvertido. Gracias.

Gracias, Norma Smalley, Terry Brown, Ron Cunningham, Bonnie Cunningham, Scott Weatherford, Kim Fertig, Sue Parks y Roger Gibson por leer el manuscrito y por ofrecer excelentes reflexiones.

El personal de Woodland Hills Community Church tuvo una importante participación en este libro. Ted Burden brindó valiosas ideas reveladoras. Pam Strayer hizo la transcripción, y Denise Bevins se ocupó de muchos detalles de mi vida durante el proceso. Richard Williams ayudó con el desarrollo creativo. ¡Gracias! ¡Gracias! ¡Gracias!

A toda nuestra familia y amigos, muchos de los cuales tienen historias que se relatan en estas páginas: los amamos y tenemos una deuda de gratitud por la paciencia que han demostrado durante todo este tiempo.

# UNA NOTA PERSONAL DE GARY

Este es el tercer libro que escribo con Ted Cunningham. Conozco a Ted y a su esposa Amy desde hace ocho años. Es un excelente esposo y padre de dos hijos maravillosos, Corynn y Carson. Ted no solo es un amigo muy querido, y un gran escritor y comunicador, sino también mi pastor.

Ted y yo hemos trabajado juntos como ancianos en la iglesia Woodland Hills, de Branson, Missouri, durante más de cinco años. Cada semana, mi esposa Norma y yo nos emocionamos al ver cómo Dios usa a Ted para alcanzar a miles de personas de nuestra comunidad. Sus mensajes son muy prácticos y están llenos de sensibilidad. He aprendido mucho de Ted y he disfrutado inmensamente escribiendo este libro con él. Sé que usted también aprenderá mucho de él.

Para proteger la identidad y las relaciones de quienes protagonizan las historias mencionadas a lo largo de este libro, hemos modificado sus nombres y los detalles de sus historias.

# CAPÍTULO 1

# GRANDES EXPECTATIVAS

Las expectativas que usted lleva al matrimonio afectan a lo que da y lo que recibe, en todos los aspectos de la relación. Conocer cuáles son sus expectativas específicas y cómo manejarlas le brindará una mayor satisfacción y ahuyentará la doble amenaza del desencanto y la incomunicación. Veamos cómo un matrimonio, al parecer perfecto, puede verse afectado de manera negativa por expectativas insatisfechas durante un hecho aterrador.

El atlético, apuesto y divertido Juan era el tipo de hombre con el que las mujeres soñaban casarse. Cuando conoció a Haydee, supo que había encontrado el amor de su vida. La joven pareja disfrutó de una boda de cuento de hadas y de un buen comienzo en su matrimonio. En su tiempo libre, colaboraban fielmente como voluntarios en nuestro grupo de jóvenes.

Yo (Ted) disfrutaba al observar a esta pareja y ver cómo se fortalecía su relación. Nunca olvidaré el día que estaba pescando en el lago Taneycomo de Branson, Missouri, cuando, para mi sorpresa, levanté la vista y vi a Juan y Haydee con botas de pescador y cañas de pescar en la mano. Quedé maravillado. ¿Qué podía ser más perfecto que un hombre y una mujer que disfrutan de un día de pesca juntos?

Para su primer aniversario, hicieron un viaje al oeste del país. Pasaron una semana de pesca en un arroyo privado de Wyoming y se hospedaron en una encantadora casa. Eran unas vacaciones de ensueño.

Durante el primer día de pesca, Haydee caminó hasta el arroyo con Juan, su pareja y mejor amigo. Era una mañana fresca y despejada. El trasfondo de las montañas, el murmullo del arroyo y la tranquilidad del lugar transformaban esta excursión de pesca en una salida muy romántica. Este sería uno de los días más inolvidables de la vida de Haydee.

Juan estaba feliz de la vida. Tenía una esposa a quien le gustaban las mismas cosas que a él y que hacía realidad sus sueños. Mientras miraba a Haydee, hizo una oración en silencio para dar gracias por su hermosa mujer.

Después de algunas horas de pesca, Juan y Haydee comenzaron a bordear el arroyo para buscar un lugar mejor. Al doblar un recodo, se encontraron cara a cara con un alce monstruoso. En lugar de retroceder, el alce dio un fuerte bufido y avanzó hacia Juan y Haydee. La pareja buscó la manera de escapar rápidamente de allí, pero vio que ambas riberas del arroyo eran altas y estaban cubiertas por una tupida hierba. Conscientes de que el alce ataca cuando se siente atrapado, los jóvenes esposos sabían que estaban en grave peligro.[1]

Temiendo por su vida, Juan se fue arrimando y llevando a Haydee hacia el borde del arroyo. Lamentablemente, la ribera era demasiado alta y difícil de trepar. Aterrado, Juan se escabulló por la ribera, intentando agarrarse de cualquier manojo de hierba que tuviera a su alcance. Haydee recuerda claramente que Juan le dio un codazo para llevarle la delantera. Su príncipe azul la había dejado sola, a merced de un alce gigante. Si el animal atacaba, tendría que enfrentarlo por sí sola. Al menos es así como Haydee relata la historia.

La versión de Juan es un poco diferente. Niega rotundamente haberle dado un codazo a Haydee, pero admite que fue el primero en salir del arroyo. Juan ofrece una explicación clara y valerosa de su reacción: su plan era salir del arroyo, afirmarse sobre la ribera y desde allí rescatar a Haydee del alcance del animal.

No hace falta decir que, desde la perspectiva de Haydee, la reacción de su esposo ante aquella situación le había dejado algo desilusionada. ¿Dónde estaba el hombre valiente que ella había esperado? ¿Por qué su príncipe azul le había apartado a un lado con un codazo? ¿Qué había pasado con el hombre del que cualquier mujer esperaría que diera su vida por ella?

## Las expectativas son comunes a todos

Todos llegamos al matrimonio con un conjunto de expectativas. Estas se componen de ideas y conceptos inculcados en la mente y el corazón mediante una gran diversidad de fuentes, desde películas y letras de canciones excesivamente románticas hasta ideales y conceptos aprendidos en la escuela, con nuestra familia de origen y mediante la vida de otras parejas que hemos conocido. Todas estas fuentes se combinan para darnos una idea de lo que debería ser el matrimonio perfecto.

Comunicamos algunas de estas expectativas, pero la gran mayoría no se expresan; sin embargo están arraigadas en nuestra visión del mundo. Consciente o no, después de decir: "Sí, quiero", usted empacó más que ropa, artículos de tocador y zapatos para llevar a su luna de miel. Usted llevó consigo sus pensamientos sobre el porvenir, sus esperanzas de una futura familia y sus sueños de un romance idílico.

Muchas de esas esperanzas y esos sueños no solo son buenos, sino también positivos para el matrimonio. Es maravilloso pensar en el deseo de un compañerismo íntimo, una comunicación profunda y gratificante, la intimidad y la emoción de la relación sexual, el nacimiento de hijos preciosos y una vida hogareña placentera; ¡y es incluso mejor experimentarlo! Pero ¿qué pasa si no se cumplen algunas de estas grandes expectativas? Entonces ¿qué?

Para muchos, el matrimonio perfecto incluye una casa. Muchas parejas jóvenes se emocionan cuando piensan en su primer hogar. Se imaginan una bonita casa de tres dormitorios y dos baños para empezar a formar una familia. Será un lugar donde podrán disfrutar de su vida en común y ser felices.

Después de mudarse a su nueva casa y hacerle algunas reformas (lo que se dará de manera tan rápida y sencilla como un episodio de *Extreme Makeover: Reconstrucción total*), llegarán los hijos. Antes de que se den cuenta, tendrán un hijo de tres años y otro de uno. ¡La vida será agotadora, pero hermosa!

Los años pasarán sin disgustos ni dolores. Esperan ansiosamente el día en que su hijo mayor entre a la escuela secundaria y puedan exhibir con orgullo una pegatina en el parachoques de su furgoneta que diga: "Mi hijo es un estudiante sobresaliente". Después de todo, sus hijos no serán igual que el promedio: sus boletines de calificaciones estarán repletos de notas sobresalientes.

¿Se asemeja esto a cómo usted se imagina la vida?

Sus expectativas también podrían incluir que su cónyuge siga locamente enamorado de usted, y que cuando llegue a casa encuentre un baño de espumas listo y una exquisita comida... o frecuentes "escapadas" sorpresa de fin de semana. Que no sepa qué hacer con todo el chocolate, las flores o el tiempo de intimidad a solas. Y que su cónyuge huela muy bien cada noche... y cada mañana.

Usted se imagina que después de la cena, se sentarán juntos —porque los dos estarán sumamente interesados en la relación— y hablarán sobre cómo hacer que su relación sea aún más ejemplar. Les resultará muy fácil pasar tiempo juntos en oración y en el estudio de la Biblia. Y terminarán casi cada noche apasionados.

Si usted es varón, tendrá una imagen propia de lo que su mujer tendrá puesto esa noche. Tal vez piense que lo hará cinco, diez o quince veces por semana. Y si usted es una mujer, tiene su propia idea de lo que significa la intimidad —qué es la verdadera unidad matrimonial—, todos esos momentos de conversación, diálogo y comunicación, antes y después del sexo.

*La vida será más que buena.*

Y por supuesto, tendrá amigos con quienes jugar al golf o ir de compras con frecuencia. Y será fácil mantener el mismo programa que solía tener: los lunes a la noche con los amigos o los martes a la noche con las amigas. Les caerán bien las mismas personas. Se relacionarán con las mismas parejas. Encontrar amigos que disfruten de las mismas cosas que disfrutan usted y su cónyuge, ¡será facilísimo!

Pocas parejas conversan sobre alguna de estas expectativas antes del matrimonio, ya sea porque no encuentran la ocasión o porque tienen vergüenza de que su pareja sepa algo al respecto. Y después usted se casa...

Entonces puede que descubra que la hipoteca de la casa que realmente quiere está por encima de su presupuesto. Concebir un bebé podría ser más difícil de lo que esperaba. Y una vez que llega el niño, la vida sigue siendo buena, pero no vuelve a ser la misma. Los baños de espumas y las cenas exquisitas son un lujo excepcional, no la norma diaria. Y crecer juntos en lo espiritual requiere un esfuerzo más deliberado de lo que jamás haya imaginado. Quizás el sexo no sea tan frecuente como lo imaginaba, ni tampoco el tiempo para buscar un vínculo y una comunicación real después de las obligaciones cotidianas del trabajo, la cocina, la limpieza, el pago de facturas y el cuidado del césped. Y cuando usted encuentra a un amigo o una amiga que realmente le cae bien, a su cónyuge no le gusta el cónyuge de esta persona.

Finalmente, se despierta un día y se da cuenta de que muchas de las expectativas que llevó al matrimonio no se están cumpliendo. Se suponía que la vida matrimonial sería diferente, y no sabe qué hacer con la decepción que siente.

De eso trata este libro. Queremos ayudarle a superar cualquier expectativa poco saludable o poco realista y a tener un matrimonio espléndido y fructífero en el que sus necesidades se suplan y sus sueños se cumplan. Sin embargo, esta clase de transformación no sucede de la noche a la mañana. Por ello, en las páginas siguientes, daremos a conocer historias de nuestros propios matrimonios y de matrimonios que conocemos y a los que hemos aconsejado. Hemos visto que el descubrimiento y la aplicación de las ideas que describiremos en los siguientes capítulos han dado, literalmente, aliento de vida a matrimonios que estaban agonizando. Hemos visto a parejas que llegan a tener nuevos niveles de comprensión y amor mutuo. Y los hemos visto alcanzar la satisfacción en sus matrimonios.

Durante estos años, hemos sido testigos de la evolución de muchos matrimonios que comienzan con expectativas insatisfechas, luego caen en la desilusión y la incomunicación, y finalmente algunos terminan en divorcio. Queremos ayudar a todas las parejas que podamos a evitar esta evolución devastadora.

---

## La evolución de un matrimonio poco saludable

Expectativas insatisfechas ⟿ Desilusión ⟿ Incomunicación ⟿ **Divorcio**

---

Creemos que hay una evolución mucho más saludable para el matrimonio, como la siguiente:

---

## La evolución de un matrimonio saludable

Expectativas insatisfechas ⟿ Descubrimiento ⟿ Responsabilidad personal ⟿ **Compromiso**

---

Con seguridad, encontrará algunas expectativas insatisfechas después de casarse. Tal vez haya imaginado o esperado ciertas cosas de su cónyuge que sencillamente no son razonables. Pero a medida que aprenda a reconocer la diferencia entre expectativas saludables/razonables y expectativas poco saludables/poco razonables, comenzará una sorprendente etapa de descubrimiento. Conocerá cosas de sí mismo y de su pareja que lo asombrarán. Y, lo que es más importante, aprenderá a asumir la responsabilidad personal. Reconocerá que la única persona a la que usted realmente puede cambiar es a usted mismo. Como resultado de ello, encontrará fuerzas renovadas para vivir su matrimonio y mantener el compromiso que asumió con su cónyuge el día de su boda. Y verá que su amor crecerá y se fortalecerá en vez de morir por no ser cultivado.

Creemos que Dios diseñó el matrimonio como una relación saludable y vivificadora. Por lo tanto, comencemos con la etapa de "descubrimiento", en la que encuentra lo que podría estar afectando de manera negativa a su matrimonio. Más adelante le mostraremos cómo llevar su matrimonio hacia el lado positivo de sus expectativas.

## El romántico incurable

En lo que respecta a las expectativas en el matrimonio, Gary y yo no podemos dejar de reírnos de nuestras propias experiencias y aprender de ellas. Yo (Ted) soy un romántico incurable o, más bien, excesivamente expectante. Sin ser demasiado cursis, los dos admitimos ser la clase de hombre que hasta le llegamos a cantar a nuestra esposa antes de la boda. Yo (Gary) entoné una canción de compromiso para Norma en Palm Springs, California, en 1964. Y yo (Ted) canté en mi propia boda. (No se ría). Aunque Randy (el juez de *American Idol*) podría haber descrito mi empeño como "un poco desafinado", recuerdo la letra palabra por palabra.

Delante de mi esposa Amy y de nuestras familias, entoné a todo volumen la canción "Tú y yo" de Kenny Chesney. No solo decidí cantar una canción de amor en la fiesta de bodas, sino que decidí cantar una canción de amor de música *country*. A pesar de mi desafinación, nuestra boda de cuento de hadas creó algunas expectativas en la mente de Amy. Hasta el día de hoy, cuando estamos conduciendo por la carretera, ella me pide que le cante esa canción. ¡*Uf*!

—No me pidas que la cante, Amy, ¡por favooooooor! —me quejo.

—Vamos, Ted, tú sabes lo que siento cuando cantas esa canción.

Quisiera que todas las expectativas que Amy y yo llevamos a nuestro matrimonio fueran tan fáciles de satisfacer como cantar una canción como "Tú y yo". Pero la realidad es que hay muchas expectativas que llevamos a nuestro matrimonio que no hemos manifestado. Y hemos tardado años en aprender a expresarlas con palabras, en voz alta y a hacerles frente en nuestra relación.

La verdad es que tenía la idea de que cada día, cuando fuera a trabajar, Amy se despediría de mí y luego me recibiría de regreso con bombos y platillos. Y ella pensaba que cada noche yo cruzaría la puerta y le daría un interminable abrazo lleno de entusiasmo. Creía que ella siempre tendría deseos de tener relaciones sexuales. Ella creía que nuestro hogar siempre sería mi prioridad, por encima de todas las demás prioridades. Yo pensaba que las decisiones importantes me corresponderían a mí; ella suponía que las decisiones importantes se considerarían rigurosamente hasta que se alcanzara un acuerdo mutuo. ¡Teníamos mucho que aprender!

Cuando yo (Gary) le comencé a cantar a Norma la canción de compromiso que le había escrito, me puse tan nervioso que durante la mitad de la canción ni siquiera la pude mirar. Cuando levanté la vista, vi que ella lloraba, y de hecho aceptó mi proposición. Aquella noche, cuando anunciamos nuestro compromiso en un retiro en la universidad de Palm Springs, todos se sorprendieron debido a que yo había estado saliendo con otra de las muchachas del grupo de jóvenes y habíamos terminado hacía apenas unos meses. Tal vez haya leído sobre mi estilo de hombría especialmente desconsiderado en esos años; mi compromiso fue un reflejo de mi trato hacia Norma durante los primeros años de nuestro matrimonio. No fue agradable. Permití que el compromiso y el anuncio formal tuvieran más que ver conmigo que con Norma o con nosotros.

¿Cuáles eran algunas de mis expectativas antes del matrimonio? Que pasaríamos muchos amaneceres hablando sobre nuestras metas matrimoniales, que nos divertiríamos todo el tiempo, que no perderíamos el sentido del humor y que viviríamos cada día como una gran aventura. Norma esperaba puntualidad y orden en todas las actividades, que se pagaran todas las facturas cinco días antes del vencimiento, que la familia estuviera antes que la profesión y que tuviéramos un plan de vida para la familia.

¿Por qué no expresamos ninguna de estas expectativas en nuestros votos matrimoniales o, mejor aún, por qué no conversamos sobre ellas en consejería prematrimonial?

## Los votos

¿Recuerda la ceremonia de su boda? ¿Y los votos que intercambiaron? Tal vez escribieron sus propios votos. Tanto Ted como yo optamos por los votos tradicionales para que hicieran juego con nuestras bodas muy tradicionales (Gary modificó los suyos un poco y los memorizó, y después se bloqueó y no pudo decirlos sin la ayuda del pastor):

*Yo te acepto a ti, _____, como mi esposa (esposo), y prometo amarte y serte fiel en lo mejor y en lo peor, en la riqueza y en la pobreza, en la salud y en la enfermedad, desde ahora en adelante hasta que la muerte nos separe.*

En esos votos, se dice mucho, pero también hay mucho que no se dice. Lo que yo no sabía era que esos votos están llenos de Grandes Expectativas (con G y E en mayúsculas):

| Lo que usted experimentó | Lo que usted esperaba |
|---|---|
| Lo peor | Lo mejor |
| Pobreza | Riqueza |
| Enfermedad | Salud |
| Fin del matrimonio | Un matrimonio para toda la vida |

El resultado de las Grandes Expectativas es la distancia entre lo que usted realmente experimenta en contraste con lo que esperaba. Cuanto mayor sea la brecha entre lo que esperaba y lo que experimentó, mayor será la tensión que usted sentirá en su matrimonio.

---
# La brecha y la tensión

Lo que experimentó . . . . . . . . . . . . . . . . . . . . . . . Lo que esperaba

---

## Cómo replantearse sus expectativas conforme a la realidad

Nada puede extenuarlo o destruirlo como la tensión que ocasionan las expectativas insatisfechas, especialmente las que tiene respecto de su pareja en el matrimonio. Yo (Gary) recuerdo numerosas ocasiones en que Norma o yo estábamos enojados el uno con el otro. Cuando reflexiono sobre esos momentos, me sorprende lo rápido que cambiaba la atmósfera en nuestra relación. La tensión en un matrimonio puede alterar completamente las actitudes de un cónyuge hacia el otro con la misma facilidad que se enciende y se apaga una luz. Hasta los asuntos más insignificantes pueden encender la chispa que desencadena contiendas mayores. Una simple decisión sobre dónde almorzar puede convertirse en una hoguera de enojo y acusaciones.

Déjeme darle un ejemplo. Una mañana, durante los primeros años de nuestro matrimonio, Norma y yo íbamos conduciendo nuestro tráiler por Prescott, Arizona. Yo tenía ganas de desayunar en un restaurante en particular y, más temprano a la mañana, Norma había estado de acuerdo en parar allí; pero a medida que nos acercábamos a la ciudad, se acordó de otro restaurante y preguntó: "¿Por qué no comemos ahí mejor?".

Esa pregunta inocente desató una contienda de tres horas. Salieron a la superficie todo tipo de cuestiones que no tenían nada que ver con huevos, tocino o pan tostado. Nuestra acalorada discusión expuso la brecha que había entre nuestras expectativas y nuestra experiencia... en relación con algo tan simple como dónde desayunar. Ambos esperábamos una comida espectacular en el restaurante de nuestra elección, pero en cambio tuvimos una comida bastante mediocre en un restaurante que a ninguno de los dos nos gustaba.

Cuando ya era casi el mediodía, regresamos al tráiler y decidimos seguir conduciendo hasta nuestro destino. Cada kilómetro que pasaba en silencio, me sentía más extenuado. La discusión con Norma me había destruido. Me sentía un fracaso como marido. Era como si todo nuestro progreso a la hora de ser una tierna pareja se hubiera destruido en un turbión de tres horas. En medio de este tipo de crisis, mi personalidad tiende a ver solo lo negativo. Nunca llegaríamos a entendernos.

Dichosamente, Norma pone el equilibrio. Ella ve las cosas desde una perspectiva más realista. "¿Por qué no miras todas las cosas que van bien entre nosotros? —me recordó delicadamente al romper el silencio—. Esta es solo una mancha en todos estos años de casados".

Esa palabra de aliento me dio la energía para continuar la conversación. Mientras hablábamos, nos dimos cuenta de que en realidad el tema en cuestión no tenía que ver con el desayuno. Se trataba de algo más profundo en nuestra relación: asegurarnos de que nuestras expectativas fueran saludables y buscar la manera de servir al otro en vez de ser servido.

En cuanto a las expectativas, determinamos que algunas de mis expectativas no expresadas acerca de nuestro matrimonio —a saber, *que siempre estaríamos en paz*— sencillamente no eran prácticas o realistas. Ninguna pareja puede dejar de tener algunos desacuerdos e incluso grandes conflictos. Los conflictos son inevitables y hasta pueden ser saludables.

Tuve que establecer nuevas expectativas que fueran más pragmáticas. Norma descubrió que yo tenía una enorme expectativa de preservar la paz y de que nuestros hijos nos vieran en paz. No quería tener un pleito con Norma, pero esperaba que ella cumpliera su "compromiso" y dijera: "Está bien, comeremos en tu restaurante favorito, ya que eso es lo que habíamos acordado durante el viaje". ¿Cómo se atrevía a cambiar de idea cuando mi boca ya estaba saboreando esos panqueques caseros?

Mientras íbamos por la autopista, ambos evaluamos el estado de nuestro matrimonio y comenzamos a hacer una lista de cosas que esperábamos recibir del otro y de lo que creíamos que era aceptable para una relación mutuamente satisfactoria. Es sorprendente cómo el simple hecho de hablar y ponernos de acuerdo sobre cuestiones fundamentales del matrimonio nos dio más ánimo y amor por la vida y uno por el otro.

Cuando terminamos nuestra conversación, me volví a sentir animado y entusiasmado con nuestro matrimonio y con el resto del viaje. En cuanto a dónde almorzaríamos, bueno, realmente a ninguno de los dos nos importaba.

Ahora le toca a usted identificar algunas de las expectativas que han afectado a su satisfacción matrimonial. En la próxima sección, encontrará un cuestionario sobre las Grandes Expectativas, que le ayudará a descubrir en qué cosas debe trabajar para convertir sus decepciones en la esperanza de una relación más satisfactoria con su cónyuge.

## Sus expectativas matrimoniales

En el Cuestionario sobre las Grandes Expectativas, hemos enumerado setenta y ocho expectativas comunes en el matrimonio. Cuando lea la lista, queremos que profundice un poco y no se limite a decir: "Sí, así soy yo, yo tengo esa expectativa". En cambio, pregúntese: "¿Qué tan importante es esta expectativa?". Recuerde que cuanto mayor sea la intensidad de la expectativa, mayor será la brecha y la distancia de una realidad saludable.

Califique las expectativas que llevó a su matrimonio con una escala del 1 al 10, en la que 1 representa "no tiene importancia", y 10, "esto sí es lo que esperaba". Califique las expectativas de sus votos matrimoniales. Por ejemplo, si esperaba poder tomarse de la mano de su cónyuge todos los días de su vida, probablemente le asigne un 10. Si tomarse de la mano no tiene tanta importancia para usted, pero lo ha disfrutado de vez en cuando, tal vez le asigne un 5. Si no le gusta tomarse de la mano y no es importante para usted, colóquele un 1. Queremos que califique la intensidad, la fuerza o el deseo de cada expectativa.

## El Cuestionario sobre las Grandes Expectativas

En una escala del 1 al 10, coloque un número a la izquierda de la afirmación que representa qué esperaba del matrimonio en ese aspecto. Del lado derecho de la afirmación, califique qué ha experimentado en su matrimonio (en la misma escala del 1 al 10). Tenga en cuenta que estamos buscando cuáles son las brechas entre las expectativas y la realidad, porque son las brechas las que causan la tensión, la desilusión, el dolor y la frustración.

## NOTA PARA LOS QUE HACEN EL CUESTIONARIO

*Para los que aún no están casados:* Antes de dar el sí, es necesario que busque consejería o formación prematrimonial. Cuando converse sobre los distintos asuntos con un pastor o líder de confianza, hable de sus expectativas honesta y abiertamente. Use descripciones vívidas de lo que anhela, espera y desea. Imagínese un día perfecto durante el primer año de su matrimonio, el quinto, el décimo y el vigésimo año. Asegúrese de ir más allá de "Nos amamos mucho" y responda las preguntas más profundas del corazón. Complete el "Cuestionario sobre las Grandes Expectativas" y converse sobre los resultados con su pareja. No tema ser demasiado sincero: a largo plazo, esto fortalecerá su relación.

*Para los que ya están casados:* Una advertencia: al leer la lista, quizás se sienta tentado a responder: "¡Usted debe estar bromeando!", "¡Olvídelo!" o "¡Nuestro amor de adolescentes se apagó hace tiempo!". Sea cual fuese el tiempo que ha pasado desde que se casaron, vuelva a pensar en el día de su boda. Al leer el "Cuestionario sobre las Grandes Expectativas", ¿qué recuerda haber esperado ese día? ¿Qué recuerda haber experimentado ese día? Puede que su matrimonio esté a la deriva... durante un tiempo; pero lo que le pedimos es que responda esta simple pregunta: ¿Tuve esta expectativa en algún momento de mi relación matrimonial?

| LO QUE ESPERABA | EXPECTATIVA | LO QUE RECIBIÓ |
|---|---|---|
| | 1. *Tendremos hijos. (Si no pueden tener hijos, imagine el dolor de una mujer que quiere ser mamá y de su esposo que quiere ser papá).* | |
| | 2. *Tendremos muchos hijos.* | |
| | 3. *Tendremos pocos hijos.* | |
| | 4. *Largas caminatas por la playa. (Caminaremos sin otro propósito que relacionarnos. A solas con mi cónyuge, con la arena entre los dedos de los pies, los pantalones arremangados y la marea que se acerca).* | |
| | 5. *Él será un líder espiritual. (Oraremos juntos, tendremos devocionales diarios y asistiremos a la iglesia con regularidad).* | |
| | 6. *Ella sabrá cómo sujetarse.* | |
| | 7. *Asistiremos regularmente a la iglesia.* | |
| | 8. *Una linda casa. (Imagínese una cerca blanca, muebles y un patio trasero, o un departamento en el centro de la ciudad. Quizá no sea necesariamente su primer hogar, sino su hogar unos años después).* | |
| | 9. *Vacaciones románticas. (Cruceros, casas en la playa o cabañas apartadas en las montañas. La experiencia de la luna de miel se repetirá por lo menos una vez al año).* | |

| LO QUE ESPERABA | EXPECTATIVA | LO QUE RECIBIÓ |
|---|---|---|
| | *10. Vacaciones regulares. (Mi cónyuge se tomará tiempo sin trabajar cada año para dedicarle una semana completa a nuestro matrimonio y nuestra familia).* | |
| | *11. Conversaciones profundas. (Cuando éramos novios, pasábamos horas al teléfono. Nunca existirá el día en que sienta que me está "apurando" para cortar. A mi cónyuge siempre le encantará el sonido de mi voz).* | |
| | *12. Jactarse del otro en público. (Cuando éramos novios, hablábamos maravillas del otro con nuestra familia y amigos, y mostrábamos fotos del otro en cada oportunidad. Esto seguirá siendo así durante todo nuestro matrimonio).* | |
| | *13. Cortesía. (Abrirle la puerta a la dama, acomodarle la silla, ofrecerle la chaqueta en una noche de frío).* | |
| | *14. Amabilidad. (Siempre intercambiaremos palabras positivas y alentadoras al comunicarnos).* | |
| | *15. Apartarse de las amistades. (Sé que una vez que nos casemos, mi cónyuge ya no deseará pasar mucho tiempo con sus amistades. Estar conmigo tendrá mayor prioridad que pasar tiempo con sus amistades).* | |
| | *16. Tiempo con las amistades. (Mi cónyuge me permitirá disfrutar mucho tiempo con mis amistades. Después de todo, necesitamos tener amistades fuera del matrimonio para enriquecernos en la vida).* | |
| | *17. Gran contacto visual. (Cuando yo hable, todo se detendrá porque lo que yo diga será algo preciado para él/ella. Mi cónyuge dejará de lado cualquier distracción para concentrarse en mí).* | |
| | *18. Tomarnos de la mano. (Nos tomaremos de la mano todo el tiempo, en el cine, en el automóvil, en el centro comercial, en la iglesia e incluso en casa).* | |
| | *19. Paciencia. (Nunca nos cansaremos de repetir las cosas cuando el otro no entienda lo que decimos).* | |

| LO QUE ESPERABA | EXPECTATIVA | LO QUE RECIBIÓ |
|---|---|---|
| | 20. *Vestirnos bien para nuestras salidas y noches especiales. (Mi cónyuge siempre tendrá buen gusto a la hora de vestirse cuando salgamos juntos).* | |
| | 21. *No cambiaremos. (No permitiremos que ni nuestra personalidad ni nuestra pasión cambien o se apaguen con el tiempo).* | |
| | 22. *Salidas. (Tendremos salidas regulares, como ir a cenar fuera o ir al cine, y nada interferirá con ello).* | |
| | 23. *La mirada que dice: "Me alegro de verte". (Cuando llegue a casa del trabajo, siempre habrá una eufórica respuesta de entusiasmo por estar con el otro).* | |
| | 24. *Los medios de comunicación no consumirán nuestro tiempo. (Nuestro tiempo frente al televisor se limitará a uno o dos espectáculos o programas deportivos por semana).* | |
| | 25. *Libertad de las adicciones (No dejaremos que el abuso de sustancias, el alcohol y la pornografía destruyan nuestro matrimonio).* | |
| | 26. *Amor incondicional. (Mi cónyuge me amará incluso cuando yo esté atravesando momentos emocionalmente difíciles).* | |
| | 27. *Salud física. (Seguiremos teniendo salud durante todo nuestro matrimonio. No tendremos que cuidar del otro en una grave enfermedad).* | |
| | 28. *Ternura/delicadeza. (Nuestras palabras aplacarán la ira, y nos alentaremos uno al otro).* | |
| | 29. *Validación. (Mi cónyuge siempre comprenderá mis miedos, mis frustraciones o mi dolor. Escucharme será siempre más importante que intentar resolver mis problemas).* | |
| | 30. *Juntos para siempre. (Nunca nos dejaremos. El divorcio nunca será una opción válida para nosotros. Estaremos juntos hasta que uno de los dos deposite al otro en brazos de Jesús).* | |

| LO QUE ESPERABA | EXPECTATIVA | LO QUE RECIBIÓ |
|---|---|---|
| | 31. *Acurrucarnos en el sillón. (De manera regular, tendremos noches de película con palomitas de maíz. A veces solo estaremos acurrucados sin tener nada que ver por TV. Tan solo disfrutar de la presencia del otro será suficiente).* | |
| | 32. *Hablar de lo que sentimos. (Siempre sabré cuáles son los sueños, las metas, las heridas, los complejos y las frustraciones de mi cónyuge. Nunca tendré que adivinarlos, ya que siempre tendré suficiente información).* | |
| | 33. *Gracia y perdón. (El espíritu de perdón siempre estará presente en nuestro hogar. No juzgaremos al otro, porque ambos somos imperfectos y cometemos errores. Habrá suficiente margen para el error).* | |
| | 34. *Devocionales y oración. (Tendremos un tiempo regular de devocional diario con el otro. Leeremos la Biblia, un libro o un devocional. Oraremos para dar gracias en todas las comidas).* | |
| | 35. *Limpieza. (Mi cónyuge siempre dejará los espacios limpios y ordenados, ya sea el guardarropa, la oficina, la sala o el dormitorio. Mi cónyuge siempre levantará sus cosas del piso y limpiará todo).* | |
| | 36. *Cercanía emocional, no solo física. (Siempre existirá un vínculo entre nosotros. Nunca estaremos "en el mismo cuarto, pero ausentes mentalmente").* | |
| | 37. *Humor/jovialidad. (Nunca tomaremos a pecho lo que diga el otro. Sabremos cuándo tener sentido del humor y reírnos de nosotros mismos).* | |
| | 38. *Siervo, sirviente o criado. (Valoraremos las oportunidades de servirnos mutuamente. Siempre seremos la clase de pareja que le vuelve a llenar la copa vacía o levanta la ropa sucia del otro. Sin reservas ni frustración, buscaremos oportunidades de servirnos mutuamente).* | |

| LO QUE ESPERABA | EXPECTATIVA | LO QUE RECIBIÓ |
|---|---|---|
| | 39. *Comidas caseras. (Mi cónyuge siempre tendrá la mesa lista, la comida en el horno y a veces incluso velas encendidas. No tendremos necesidad de cenar fuera u ordenar comida a domicilio. Las comidas serán tan buenas como las de mi mamá [o aun mejores]).* | |
| | 40. *Comprensión de las presiones del trabajo. (Nos esforzaremos por darle al otro un tiempo al final de un día arduo de trabajo).* | |
| | 41. *Reconocimiento por el trabajo y la profesión. (Mi cónyuge mostrará interés en lo que hago y lo que aporto para el sustento de la familia).* | |
| | 42. *Fidelidad absoluta. (Mi cónyuge solo tendrá "ojos" para mí).* | |
| | 43. *Facilidad para pedir "perdón". (¿Recuerda cuando eran novios? Cuando se ofendían, no solo pedían perdón fácilmente, sino que si era necesario lo volvían a repetir).* | |
| | 44. *Aceptación de los propios errores. (Mi cónyuge siempre será sincero respecto de sus errores y defectos de carácter).* | |
| | 45. *Valoración de los pasatiempos. (No tendré problema con el tiempo que mi cónyuge le dedica a sus pasatiempos, y mi cónyuge no tendrá problema con los míos).* | |
| | 46. *Cuidado en la enfermedad. (Cuando estaban de novios ¿le solía hacer su pareja atenciones como pañuelos de papel, un caldo, velas o una revista favorita para desearle una pronta mejoría? Esa misma compasión continuará durante todo el matrimonio).* | |
| | 47. *Frente unido. (Mi pareja jamás dejará que nadie me menosprecie. No permitirá que ni padres, ni familiares ni amigos hablen mal de mí).* | |
| | 48. *Protección. (Mi cónyuge arriesgará su vida para salvarme, de ser necesario. Estará pendiente de cualquier ruido que se oiga en medio de la noche y actuará inmediatamente).* | |

| LO QUE ESPERABA | EXPECTATIVA | LO QUE RECIBIÓ |
|---|---|---|
| | 49. *Compañerismo. (Nos encantará hacer cosas juntos. Nunca seremos el tipo de pareja que van por separado al cine, al centro comercial o incluso a la iglesia).* | |
| | 50. *Dormir juntos. (Nunca dormiremos en cuartos separados).* | |
| | 51. *Sexo a diario. (Las relaciones sexuales regulares impedirán cualquier problema con la lujuria).* | |
| | 52. *Sexo creativo. (Ahora tendré el contexto para explorar mis fantasías sexuales).* | |
| | 53. *Sexo rápido. (Ella se brindará a mí incluso cuando no tenga ganas).* | |
| | 54. *Sexo durante toda la noche. (Haremos el amor hasta que salga el sol. A menudo tendremos orgasmos múltiples).* | |
| | 55. *Familiares. (Amaremos a los familiares y las amistades del otro).* | |
| | 56. *Cariño por los padres. (Ambos nos llevaremos bien con nuestros padres).* | |
| | 57. *Mamá y papá. (A mi cónyuge le agradará pasar tiempo con mis padres).* | |
| | 58. *Historia familiar. (Mi cónyuge mostrará compasión por mi historia familiar).* | |
| | 59. *Aceptación de mi familia. (No juzgaremos ni criticaremos las acciones de la familia del otro).* | |
| | 60. *Tiempo con la familia política. (A mi cónyuge le encantará pasar mucho tiempo con los miembros de mi familia).* | |
| | 61. *Pocas visitas a los suegros. (Nuestros padres se fijarán límites saludables sin que nosotros tengamos que decírselo. Las visitas serán mínimas para poder cumplir con el mandato divino:* "Dejará el hombre a su padre ya su madre, *y se unirá a su mujer").* | |
| | 62. *Feriados familiares. (Mi cónyuge no tendrá problema con que mi familia se encargue de organizar los feriados).* | |

| LO QUE ESPERABA | EXPECTATIVA | LO QUE RECIBIÓ |
|---|---|---|
| | 63. *Tradiciones familiares. (Mi cónyuge honrará a gusto las tradiciones de mi familia respecto a los feriados).* | |
| | 64. *Decisiones. (A mi cónyuge no le resultará difícil ver las cosas desde mi punto de vista).* | |
| | 65. *Un solo ingreso familiar. (Mi cónyuge ganará suficiente dinero para cubrir nuestros gastos de modo que yo pueda quedarme en casa con los niños).* | |
| | 66. *Responsabilidad financiera. (Mi cónyuge tendrá un buen trabajo, ganará un buen sueldo y proveerá para las necesidades del hogar).* | |
| | 67. *Seguridad financiera. (Tendremos suficiente dinero para hacer todo lo que necesitamos como familia. Podremos pagar nuestras facturas a tiempo, mantener las deudas al mínimo y donar a organizaciones de caridad).* | |
| | 68. *Libertad financiera. (Mi cónyuge podrá gastar dinero libremente. No necesitaremos mantener un control estricto de los gastos).* | |
| | 69. *Diezmo. (Daremos un mínimo del 10% de nuestros ingresos a nuestra iglesia).* | |
| | 70. *Ahorros. (Gastaremos menos del 100% de lo que ganemos para que podamos ahorrar).* | |
| | 71. *Donaciones. (Separaremos dinero para donar a organizaciones de caridad además de nuestro diezmo).* | |
| | 72. *Retiro. (Tendremos suficiente dinero ahorrado para poder dejar de trabajar a una edad razonable).* | |
| | 73. *Denominación congregacional. (Estaremos mutuamente de acuerdo en la denominación congregacional de nuestra familia. Mi cónyuge no criticará mi preferencia de denominación).* | |
| | 74. *Teología. (Fusionaremos nuestras creencias y tendremos pocas diferencias teológicas).* | |

| LO QUE ESPERABA | EXPECTATIVA | LO QUE RECIBIÓ |
|---|---|---|
| | 75. *Estilo de adoración. (Disfrutaremos del mismo estilo de adoración).* | |
| | 76. *Entretenimiento. (Desde la música hasta las películas, podremos encontrar un punto medio que los dos disfrutemos).* | |
| | 77. *Puntualidad. (Ambos seremos puntuales en las celebraciones y reuniones familiares).* | |
| | 78. *Buen estado físico. (Cuidaremos nuestra salud. No aumentaremos mucho de peso).* | |

No queremos bajar el nivel de sus expectativas. En gran medida, como cuando se sube la barra de salto de altura de un atleta olímpico, queremos establecer metas y nuevos retos. Cuando una pareja tiene expectativas positivas respecto de su matrimonio, sus aptitudes matrimoniales pueden aceptar el reto (y probablemente estar a la altura de él).

Después de todo, ¿acaso no es justo y adecuado esperar que su cónyuge le sea fiel durante toda la vida? Nunca le pediríamos que baje el nivel de esa expectativa o la elimine completamente. Sin embargo, a muchas parejas les cuesta separar o categorizar las expectativas. Para ser realistas, la fidelidad matrimonial pertenece a una categoría diferente a la expectativa de pasar tiempo con amistades fuera del matrimonio.

Queremos ayudarle a establecer expectativas realistas para su matrimonio y, al mismo tiempo, retarlo a que agudice sus aptitudes como cónyuge. Queremos ayudarle a cerrar la brecha entre sus expectativas y su experiencia real en el matrimonio.

En los siguientes capítulos, lo alentaremos a desarrollar y cultivar una relación matrimonial saludable. A continuación le presentamos un detalle de los cuatro temas centrales de los capítulos de este libro:

---

## La evolución de un matrimonio saludable

| Expectativas insatisfechas | Descubrimiento | Responsabilidad personal | Compromiso |
|---|---|---|---|
| [capítulo 1] | [capítulos 2-5] | [capítulos 6-8] | [capítulos 9-11] |

---

Le ayudaremos a avanzar mientras lo animamos a mirar atrás y analizar algunas de las raíces profundas que contribuyeron a que usted se convierta en la persona que es hoy. En el capítulo 2, podrá leer acerca de cuatro estilos de crianza de los hijos que han afectado sus expectativas y su matrimonio más de lo que usted se imagina. A continuación, en el capítulo 3, podrá dar un vistazo a las influencias culturales que sutilmente lo han formado. ¿Sabía que la generación en la que usted nació afecta en gran medida su visión de la vida y el matrimonio? ¡Es verdad! Por ello veremos de qué manera la época en que cada generación crió a sus hijos afecta su modo de ver las relaciones, el dinero y la vida. También veremos las cuatro percepciones que el mundo nos transmite constantemente a través de nuestra cultura. Sea cual fuese el año en que usted nació, podrá identificar esas percepciones en su vida.

En el capítulo 4, ahondaremos en uno de nuestros temas favoritos de todos los tiempos: ¡la personalidad! La combinación particular de las diferencias de personalidad en su matrimonio afectará grandemente a sus expectativas y su manera de relacionarse, la manera en que encaran el futuro y la manera en que conviven. La buena noticia es que sean cuales fuesen las expectativas que ambos llevaron al matrimonio debido a su personalidad, pueden aprender a crecer juntos y a valorarse aún más uno al otro. Le daremos consejos personales sobre cómo llevarse bien con cada tipo de personalidad. ¡Esta información no solo le ayudará en su matrimonio, sino en todas sus relaciones!

En el capítulo 5, examinaremos de qué manera sus relaciones anteriores afectaron a sus expectativas; y en el capítulo 6, ahondaremos en una de las etapas más decisivas: la responsabilidad personal. Le mostraremos cómo reestructurar sus expectativas y asumir la responsabilidad de las expectativas que llevó al matrimonio.

El capítulo 7 trata acerca del amor extraordinario. Le proporcionaremos tres formas específicas en que puede incrementar la fragancia del amor en su matrimonio y una lista de más de una docena de ideas de cómo mostrar su amor hacia su cónyuge de forma espóntanea.

El capítulo 8 trata un tema candente: *la sujeción*. Descubrirá diez maneras de honrar a su cónyuge. Pero ¿no es que ambos cónyuges deben sujetarse uno al otro en amor? De hecho, a los esposos se les pide que hagan algo mucho más difícil que la sujeción.

En el capítulo 9, ahondaremos sobre el *compromiso*, la etapa final del progreso a la hora de crear expectativas saludables para un matrimonio excepcional. Descubrirá "diecisiete expectativas saludables que debería tener para su matrimonio". Este capítulo analiza lo que significa aceptar la responsabilidad total por el compromiso que asumió el día de su boda. Luego mencionaremos cómo lograr una transformación total en su matrimonio.

Parte del compromiso consiste en decidir que terminarán bien la carrera. En el capítulo 10, conocerá las cuatro claves que garantizan que su matrimonio sea fuerte hasta el final. Comprenderá cuál es el verdadero fundamento del compromiso y leerá una historia inolvidable de lo que significa amar "hasta que la muerte nos separe".

Finalmente, consideraremos cómo las expectativas saludables en el matrimonio comienzan en un lugar: ¡en usted! Por ello, usted puede comenzar a construir un matrimonio saludable, aunque su cónyuge todavía no se haya sumado al esfuerzo. Creemos que a medida que lea, estudie y converse sobre *Amor verdadero*, usted experimentará una revolución pacífica pero poderosa en su matrimonio y se encontrará cada vez más enamorado de su cónyuge y de Dios.

# PREGUNTAS Y RESPUESTAS

Todas las semanas, nuestro sitio en la Internet GarySmalley.com recibe correos electrónicos de personas que consultan acerca de las dificultades de su matrimonio. Hacemos lo posible por responder estas preguntas conforme a la verdad bíblica y con consejos prácticos. Notará cuántas de las preguntas tienen que ver con la expectativa de que el cónyuge cambie. Ya sea que usted esté recién casado o lleve años de matrimonio, siempre hay algo más para aprender a la hora de desarrollar una relación excelente con su cónyuge. Aquí vemos la pregunta de una mujer desilusionada por no tener el matrimonio de cuento de hadas que esperaba.

*P:* *Nuestro noviazgo fue maravilloso. Nuestro matrimonio no es tan maravilloso. ¿Qué pasó con el amor y el entusiasmo habíamos tenido?*

*R:* En el noviazgo, todo despierta la curiosidad y la fascinación. Pasamos incontables horas para conocernos. Hacemos preguntas serias y profundizamos en el corazón del otro. La Biblia dice, en el Cantar de los Cantares, que el rey Salomón hace una descripción vívida y maravillosa de esta etapa del amor:

*"Paloma mía, que estás en los agujeros de la peña, en lo escondido de escarpados parajes, muéstrame tu rostro, hazme oír tu voz; porque dulce es la voz tuya, y hermoso tu aspecto" (Cnt. 2:14).*

Salomón está diciendo: "Quiero conocerte". Le encanta que ella hable con él y le exprese cosas de sí misma. Él quiere comunicarse con ella.

El matrimonio agrega un elemento nuevo a la relación: el *deber* y la *responsabilidad*. Cuando eran novios, no compartían facturas que pagar, las tareas domésticas o la crianza de los hijos. Ahora que están casados, ¡es posible que sienta que tiene más deberes y responsabilidades de los que puede hacer frente!

Por eso debemos evitar ser pésimos amantes para ser cónyuges responsables. La clave es *no* reemplazar la curiosidad y la fascinación con el deber y la responsabilidad. Debemos equilibrar ambos aspectos. Mi esposa no se enamoró de mí por mi trabajo o por el hecho de que soy muy bueno para cortar el césped, sino porque llegué a conocerla. Ella sintió lo mismo que la prometida de Salomón sintió unos versículos más adelante: "Mi amado es mío, y yo suya..." (v. 16).

Continúen haciéndose preguntas fundamentales para conocerse mejor uno al otro. Propónganse tener una salida nocturna regular libre de distracciones y respétenla. Vuelvan a visitar algunos de los lugares que frecuentaban en sus primeras citas. Si están demasiado lejos, rememoren sus restaurantes favoritos, sus vacaciones pasadas, el lugar donde pasaron la luna de miel, etcétera.

Después de cuarenta años de matrimonio, todavía sigo descubriendo nuevas facetas de Norma. ¡Ella realmente me fascina! Soy el soñador, y ella hace realidad mis sueños. A ella le encanta descifrar mis sueños y descubrir lo que percibo para el futuro de nuestro ministerio. Después va a la ciudad y arregla actividades y viajes, y organiza mi vida al establecer metas para cada uno de mis sueños. Sus expectativas para la vida y el ministerio se ajustan perfectamente a los sueños y la personalidad que Dios me dio. ¡Es maravilloso ver cómo Él combina todo esto!

# CAPÍTULO 2

# DESCUBRA SUS RAÍCES PROFUNDAS

Yo (Gary) crecí en un hogar con una madre que era una verdadera sierva. Mi mamá siempre hizo de sus hijos una prioridad y se esforzó por darnos a mí y a mis cinco hermanos lo mejor de sí. Puesto que era el menor de seis hijos, fui el último en irme de casa, por ello tuve un vínculo especial con mi madre.

Recuerdo que, cuando era adolescente, volvía a casa después de una cita y encontraba que mi mamá se había quedado despierta para esperarme. Me preguntaba cómo me había ido en mi salida y me ofrecía algo de comer antes de acostarse. Muchas madres ofrecerían un vaso de leche y un sándwich sencillo, pero mi mamá no era así.

—¿Sabes en realidad qué me gustaría, mamá? —le preguntaba.

—¿Qué, hijo?

—¿Me prepararías una de tus tartas de manzana? —le decía yo con brillo en mis ojos.

Sin vacilar, mi mamá iba a la cocina y buscaba los ingredientes para su deliciosa tarta. Todavía puedo saborear las dulces manzanas al pensar en ello.

¿Cuán consentido era? ¿Cree usted que estaba bien preparado para la realidad del matrimonio?

Sin lugar a dudas, me casé con una mujer maravillosa. Norma ha sido mi fiel servidora —en mis metas, mis sueños y mi ministerio— durante más de cuarenta y cuatro años. Ella es mi media naranja; yo soy el soñador, y ella es la que hace realidad mis sueños. Sin embargo, de alguna manera, en los inicios de nuestro matrimonio, me di cuenta de que no me convenía pedirle un postre a última hora de la noche. ¿Puede imaginarse lo que me dijo

Norma la primera vez que le pedí un pastel después de las diez de la noche? "¡Despiértame mañana y cuéntame cómo estuvo!".

En este capítulo, queremos que usted examine sus raíces familiares para saber de qué manera han influido en la clase de expectativas que tiene como adulto. Creemos que este descubrimiento es fundamental para que usted establezca o adapte sus expectativas por la salud de su relación matrimonial.

## Autodescubrimiento

Uno de los primeros pasos en la evolución desde la desilusión por las expectativas insatisfechas hacia el compromiso con el compañero que lo ha decepcionado es reconocer lo que usted esperaba de su pareja y por qué. La evolución completa se ve de la siguiente manera:

---

### La evolución de un matrimonio saludable

Expectativas insatisfechas ～ Descubrimiento ～ Responsabilidad personal ～ **Compromiso**

---

Por ahora, concentrémonos en la etapa del **Descubrimiento**. Usted necesita saber de dónde proviene y de qué manera las experiencias del pasado han formado su carácter, antes de que pueda reconocer cómo su pasado afecta a su presente. Ahora analizaremos en detalle cuatro estilos de crianza que han afectado su vida, su personalidad y su matrimonio incluso más de lo que usted probablemente se imagine.

## Descubrimiento: Conozca sus raíces

Aunque usted no se dé cuenta, sus padres (o las personas que lo criaron) están firmemente arraigados en su pasado y contribuyeron a formar su modo de vida actual. Los padres afectan y definen la manera en que usted conduce un automóvil, administra el dinero, vota por un candidato, su opinión sobre la iglesia e incluso cómo aborda la intimidad con su cónyuge.

Cuando usted llegó a este mundo, nació con una cámara instalada de fábrica. La lente estaba conformada por sus ojos y sus oídos; y su mente, era la cinta o la tarjeta de memoria. Durante toda su infancia, tomó fotografías mentales de las experiencias que lo rodeaban: en casa, en la escuela, en la iglesia y en el patio de recreo. Y lentamente convirtió esas imágenes en expectativas acerca de cómo es la vida.

Basta con unas horas de consejería para comenzar a exponer algunas de esas expectativas ocultas. No hay nada como sentarse frente a un consejero, y que él o ella diga: "Cuénteme sobre su infancia..." para despertar recuerdos —tanto las heridas como las alegrías— de nuestros años de desarrollo. Las historias de nuestro pasado pueden ser difíciles de contar porque exponen áreas de dolor y sufrimiento. En una sesión de consejería, pueden surgir todo tipo de cosas, como algunas de las cosas más feas que nos dijeron en el patio de una escuela o en el hogar. Pero es importante dilucidar el pasado, ya que su historia revela el origen de muchas de las expectativas que llevó al matrimonio. Cuando usted entiende su pasado, puede crear un futuro mejor.

## Los cuatro estilos de crianza

Hace unos treinta años, escribí el libro *La llave al corazón de tu hijo*. En él expliqué los cuatro estilos de crianza y de qué manera afectan el corazón de nuestros hijos. Ahora veo que esos estilos de crianza contribuyen al modo en que usted y yo nos relacionamos con nuestras parejas años después.

Aunque muchos padres desearían que sus hijos hubieran venido con un manual de instrucciones, ¡los niños no vienen así! En cambio, padres de todo el mundo intentan descubrir cómo criar a sus hijos; y, en el proceso, a veces toman decisiones muy buenas y otras no tan buenas. Existen cuatro estilos principales de crianza. ¿Cuál de ellos emplearon sus padres? ¿Cuál describe la manera en que usted está criando o quiere criar a sus hijos?

**Padres dominantes**

Los padres dominantes, por lo general, tienen normas y expectativas muy elevadas. Constantemente aumentan las exigencias sobre sus hijos y los retan a lograr la excelencia. Quieren lo mejor para sus hijos y siempre están pensando en el futuro. Lamentablemente, los padres dominantes rara vez ofrecen apoyo tierno y afectivo.

Los padres dominantes tienden a ver las cosas en blanco y negro cuando se trata de sus hijos. Quieren que sean "bien educados", pero con suma frecuencia no explican las razones de sus rígidas reglas. Tienden a ser inflexibles y a exigir que sus hijos se aparten de ciertas actividades debido a sus fuertes convicciones. Dado que los niños no saben por qué estas actividades son negativas, pueden participar secretamente de estas.

El estilo dominante de crianza a menudo produce mayor agresividad en los niños más pequeños. Por lo general, este alto nivel de agresividad se prolonga durante toda la vida y puede provocar una gran violencia. Los castigos severos, como lavarle la boca con jabón a un niño, acompañados de rechazo, pueden producir un comportamiento agresivo.

**Padres negligentes**

Los padres negligentes tienden a carecer tanto de apoyo afectivo hacia sus hijos como de control sobre ellos. Muestran una actitud indiferente o inmadura y atacan verbalmente al niño cuando se sienten presionados o molestos. Estos padres tienden a aislarse de sus hijos al recurrir en demasía a niñeras para dedicarse a sus propias actividades egoístas. Consideran al niño como una molestia, como cuando le dicen: "No te quiero ni oír".

## Algunas afirmaciones y acciones típicas de los padres dominantes:

- "Las reglas son las reglas. Llegaste tarde; vete a dormir sin cenar".
- "No soportaré tu insolencia. Pide disculpas". (O darle una bofetada al niño).
- "No necesitas una explicación. Sólo haz lo que te digo".
- "No me importa cuántos amigos tuyos van. No irás, y no quiero oír una palabra más sobre el tema. ¿Entendiste?".
- "Ningún hijo mío va a ser un holgazán. Aceptaste el trabajo; ahora cúmplelo".
- "¿Cuántas veces te dije que termines con eso? ¡Ven aquí! ¡Te voy a dar una paliza!"

## Algunas posibles reacciones de niños criados por padres dominantes:

- Tienen muy poco respeto por sí mismos. Tienen poca capacidad para acatar las reglas o someterse a la autoridad.
- La rígida dureza de los padres quebranta el espíritu del niño y trae como resultado resistencia, ensimismamiento y rebeldía.
- Por lo general, el niño no quiere saber nada con las reglas o los valores de sus padres. Tiende a rechazar los ideales de sus padres.
- El niño puede sentirse atraído por otros niños que se rebelan contra sus padres y contra las reglas generales de la sociedad. Puede llegar a consumir drogas y participar de otras actividades ilegales.
- El niño puede volverse muy ofensivo y exigente en cuanto a sus derechos.
- En el contexto de un salón de clases, el niño puede causar disturbios para llamar la atención de los demás.

El Dr. Armand Nicholi, profesor titular de Psiquiatría en la facultad de medicina de Harvard, me ayudó a comprender que los padres negligentes no solo están ausentes cuando están físicamente lejos del hogar. Hasta cuando están presentes, son inaccesibles emocionalmente para con ellos. Cuando están en casa, por lo general no escuchan ni prestan atención a sus hijos. De acuerdo con el Dr. Nicholi, hoy día existen cuatro razones principales de la desatención de los niños:

1. *La alta tasa de divorcios.* Las estadísticas muestran que hay más de trece millones de niños en familias monoparentales. La tasa de divorcios ha subido vertiginosamente desde principios de la década de 1960 y ha aumentado el 700% desde comienzos del siglo XX.[1] La mayoría de los divorcios exigen que los padres solteros trabajen fuera de casa, lo que les deja menos tiempo para ocuparse del desarrollo emocional de los niños. A los padres solteros les resulta muy difícil brindar a sus hijos el tiempo necesario cada día para escucharlos y ser emocionalmente accesibles. Sin embargo, no es imposible.[2]

2. *El aumento de la cantidad de madres que trabajan fuera de casa.* Más del 55% de todas las madres estadounidenses trabajan. Esta cifra aumentó enormemente en la década de 1960, cuando se hacía mucho hincapié en que las mujeres no se sentían realizadas en el hogar. Las presiones económicas también obligan a muchas mujeres a buscar trabajo. Cuando se unen a la fuerza laboral, muchas veces las madres están menos accesibles para sus hijos.[3]

3. *Exceso de televisión.* Esto también aumentó enormemente en la década de 1960, y ahora casi todos los hogares estadounidenses tienen cómo mínimo un televisor.[4] El problema de

## Algunas afirmaciones y acciones típicas de los padres negligentes:

- "Hazlo tú solo. ¿No ves que estoy ocupado?"
- "¡No! Tengo que salir esta noche. Pídele ayuda a tu madre".
- "No, no puedes quedarte despierto. Recuerda que anoche te quedaste hasta tarde. ¡No me molestes!"
- "Ese es problema tuyo. Yo tengo que ir a trabajar".
- "¡Caramba, niños! ¿No pueden tener más cuidado?"
- "Otra vez tarde, santo cielo. ¿Alguien me puede pasar la carne, por favor?"
- "¿Así que crees que soy un tonto? Entonces, arréglate solo. ¡Vete de aquí!"

## Algunas posibles reacciones de niños criados por padres negligentes:

- La dureza y la desatención tienden a herir al niño, lo cual le genera rebeldía.

- El niño no se cree digno de que le dediquen tiempo.

- El niño se vuelve inseguro debido a que sus padres son impredecibles.

- El niño puede desarrollar un pobre respeto por sí mismo porque no se siente respetado y no ha aprendido a controlarse.

- Las promesas rotas quebrantan el espíritu del niño y disminuyen su autoestima.

- Al niño tiende a irle mal en la escuela por falta de motivación.

la televisión es que, aunque las personas están físicamente juntas en el mismo cuarto, hay poca interacción provechosa o emocional. Cuando los padres desatienden a sus hijos para ver la televisión o hacer otras actividades, los niños sufren una pérdida emocional similar a la muerte de un padre. Con frecuencia se sienten culpables cuando sus padres no están con ellos. Algunos incluso creen que la razón por la que sus padres están ausentes es que ellos son malos, y que, si fueran mejores, sus padres les dedicarían más tiempo. Obviamente, esta percepción disminuye la autoestima del niño.

4. *Una sociedad cada vez más ambulante.* Aproximadamente la mitad de los estadounidenses se muda cada cinco años.[5] Esta tendencia ambulante priva a los niños del tiempo de sus padres, así como de la fortaleza y accesibilidad emocional que encontraban en amigos y familiares de su domicilio anterior. De todos modos, aunque tengamos que mudarnos con nuestra familia, podemos ser emocionalmente accesibles para nuestros hijos. Podemos lograrlo si dedicamos tiempo cada día a estar con cada uno de nuestros hijos o a estar juntos como familia. El Dr. Nicholi recalcó que este tiempo debe utilizarse para contrarrestar los efectos de nuestra sociedad ambulan

Para ejemplificar cuán predominante es el problema de la falta de accesibilidad emocional, haga un alto e intente pasar tan solo cinco minutos concentrado en el bienestar de su familia y piense de qué manera puede satisfacer las necesidades emocionales de cada uno de sus hijos. Tal vez le resulte muy difícil, puesto que no estamos acostumbrados a esto en nuestra cultura.

## Algunas afirmaciones y acciones típicas de los padres permisivos:

- "Bueno, está bien. Puedes quedarte hasta tarde esta vez. Yo sé cuánto te gusta ese programa".

- "Estás cansado, ¿verdad? Repartir el periódico es agotador; mejor te llevo".

- "No me gusta verte bajo tanta presión por la escuela. ¿Por qué no faltas mañana? Diré que estás enfermo".

- "¿No me escuchaste cuando te llamé para cenar? Bueno, está bien. Siéntate. No quiero que se te enfríe la comida".

- "Por favor, no te enojes conmigo. Estás haciendo un escándalo".

- "Jaime, por favor, trata de apurarte. Mamá llegará tarde otra vez si no comenzamos pronto".

## Algunas posibles reacciones de niños criados por padres permisivos:

- El niño se da cuenta de que tiene la batuta y que, por lo tanto, puede manipular a sus padres.

- El niño se vuelve inseguro, como si estuviera apoyado sobre una pared que parece firme, pero se derrumba.

- Es posible que el niño tenga poco respeto por sí mismo porque no ha aprendido a controlarse y a dominar ciertas disciplinas personales.

- El niño descubre que, dado que las normas no son firmes, puede manipular las reglas.

## Padres permisivos

Los padres permisivos tienden a ser afectivos y comprensivos para con sus hijos, pero son débiles a la hora de fijar y hacer cumplir las reglas y los límites.

Una de las principales razones por las que algunos padres son demasiado permisivos es porque tienen un temor interno de hacer daño a sus hijos si son muy estrictos. El temor a confrontar a sus hijos, de hecho, puede generar aquello que ellos tanto temen. Como aspecto positivo, los padres permisivos son fuertes en el ámbito de la comprensión. Estoy muy agradecido por el afecto y el amor que me mostraron mis padres. Fueron muy generosos, comprensivos y alentadores. Los buenos padres se dan cuenta de que cierto grado de permisividad es positivo. Eso quiere decir aceptar que los niños son niños, que una camisa limpia no les durará mucho tiempo, que preferirán correr en vez de caminar, que un árbol es para trepar, y un espejo es para hacer muecas. Significa aceptar que los niños tienen derecho a tener sentimientos y sueños propios de su edad. Este tipo de permisividad transmite al niño confianza y una capacidad cada vez mayor de expresar lo que piensa y siente.

Por otra parte, el exceso de permisividad da lugar a actos indeseables, como golpear a otros niños, escribir en las paredes y romper cosas.

## Padres cariñosos pero firmes

Por lo general, los padres cariñosos pero firmes tienen reglas, límites y normas de vida claramente definidos. Se toman el tiempo de enseñar a sus hijos a entender esos límites —por ejemplo, por qué no se deben grabar notas de amor en el árbol del vecino— y dar advertencias claras cuando el niño ha infringido un límite establecido. Pero también muestran comprensión al expresar afecto físico y dedicar tiempo personalizado para escuchar a cada

## Algunas afirmaciones y acciones típicas de los padres cariñosos pero firmes:

- "Otra vez llegas tarde a cenar, Tito. ¿Cómo podemos resolver esto juntos?" (Los padres dedican tiempo a encontrar soluciones con el niño).
- "Escucha, me encantaría dejar que te quedes despierto, pero nos pusimos de acuerdo en esta hora. Recuerda cómo te sientes al día siguiente cuando no duermes bien".
- "Cuando ambos nos calmemos, hablaremos sobre lo que tenemos que hacer".
- "¿Estás atascado con esa tarea? Te ayudaré esta vez. Y después pensamos cómo puedes hacerlo tú mismo la próxima vez".
- "Dices que todas las demás muchachas van. Pero necesito saber más".
- "¿Practicaste tu lección de piano? No me gusta hacer esto, pero es lo que habíamos acordado. No cenarás hasta que termines. Te mantendré la comida caliente".
- "Puedes contestar el teléfono, pero antes debes aprender a hacerlo correctamente".

## Algunas características típicas de los niños criados por padres cariñosos pero firmes:

- El apoyo afectivo y los límites claramente definidos tienden a fomentar el respeto del niño por sí mismo.
- El niño está más contento cuando ha aprendido a controlarse.
- El mundo del niño es más seguro cuando se da cuenta de que existen límites firmes y entiende el porqué.
- Dado que el niño no se cierra, las líneas de comunicación con los padres están abiertas. Y existe menor probabilidad de rebeldía en la adolescencia.
- Los hijos de padres cariñosos, pero firmes son: (a) los que más se respetan a sí mismos; (b) los que más obedecen a las autoridades de la escuela, la iglesia, etc.; (c) los que más se interesan en la fe en el Dios de sus padres; y (d) los que menos tienden a unirse a un grupo de rebeldes.

hijo. Son flexibles y están dispuestos a escuchar todos los hechos cuando se ha traspasado un límite.

El padre cariñoso pero firme es una combinación positiva y equilibrada del padre dominante y el padre permisivo. Existe firmeza en cuanto a reglas claramente definidas, como "No puedes dañar intencionalmente nuestros muebles o los de otras personas", pero esta firmeza está acompañada de acciones y actitudes afectivas. El padre cariñoso pero firme refleja las instrucciones bíblicas más excepcionales para la crianza. Enfatiza dos maneras importantes de cuidar de los hijos. En primer lugar, los padres deben *disciplinarlos*, lo cual significa en parte fijar límites claramente definidos en el hogar. En segundo lugar, deben seguir la *instrucción* más importante de las Escrituras: amarse los unos a los otros.

## Conozca sus raíces

Al repasar la lista de los estilos de crianza, ¿cuál de ellos experimentó cuando era niño?

—Padres dominantes
—Padres negligentes
—Padres permisivos
—Padre cariñosos pero firmes

¿En qué medida lo ha formado esta experiencia? ¿En qué medida ha determinado sus expectativas sobre el matrimonio y la familia? ¿En qué medida sus raíces han afectado su desarrollo como esposo[a], padre[madre] y cristiano[a]?

Tanto Gary como yo nos damos cuenta de que nuestras raíces nos han formado. La manera en que nos criaron fue muy diferente, pero nuestras raíces familiares han tenido un rol significativo en nuestro enfoque del matrimonio y la vida.

## Las raíces de Gary: Padres permisivos

Mi madre y mi padre fueron muy cariñosos, afectivos y receptivos conmigo. Pero mi padre era más distante, y hasta donde recuerdo, no había reglas rígidas en nuestro hogar. Mis padres solían ceder a mis exigencias. Incluso cuando me portaba mal, no me castigaban físicamente ni me disciplinaban. Mi madre decía que nunca me daría azotes en las nalgas porque dos semanas después de haber pegado a su primera hija, murió de envenenamiento en la sangre. Entonces le hizo prometer a mi padre que nunca castigara físicamente a ninguno de sus cinco hijos restantes.

Aunque tenían buenas intenciones, esa indulgencia me afectó negativamente. Mis padres me dejaban decidir con respecto a mi tiempo libre. De hecho, no empecé a estar de novio formalmente hasta... ¡tercer grado! Y eso me ocasionó una serie de problemas.

En cierta ocasión, cuando era muy pequeño, mi padre me sorprendió en una falta grave. Por el tono firme de su voz, supe que estaba en problemas. Después me dijo que lo dejaría pasar sin castigarme si prometía no volver a hacerlo. Yo le llegué a decir que merecía el castigo, pero ni aún así lo hizo. Había algo en mí que pedía corrección.

Me encontré con la misma permisividad en la escuela. Cuando estaba en tercer grado, en una ocasión una maestra me sorprendió cuando le pasaba notas a un compañero después de advertirme sobre las consecuencias si no dejaba de hacerlo. Entonces me envió a hablar con el director de la escuela. Él me habló durante un rato, me dijo que tenía que portarme mejor y agregó que me iba a castigar. Creí que hablaba en serio; pero unos quince minutos después, me dijo que me daría otra oportunidad si prometía no volver a hacerlo. Por supuesto, le prometí de todo, pero interiormente recuerdo que me sentía decepcionado de que no cumpliera su palabra.

El verano pasado, mientras estábamos de vacaciones con nuestra hija y su familia, Norma nos explicó que había crecido en un hogar cuáquero. Nunca antes había escuchado a mi mujer referirse a su crianza como cuáquera. Toda la familia la bombardeó a preguntas sobre qué significaba eso. Lo curioso es que mi nieta de once años ama tanto a Norma que ahora quiere ser cuáquera, aunque no tiene idea de lo que significa.

Norma recuerda que lo más importante para los cuáqueros son las reglas: lo que podía o no podía hacer. No le permitían beber alcohol, bailar o faltar a la iglesia. Y esas tres cosas eran solo el principio. Norma creció con una regla para todo, totalmente diferente a la crianza que yo recibí. Ella tenía una estructura; yo no tenía ninguna. Sus padres observaban y vigilaban cada uno de sus movimientos. Mis padres ni siquiera sabían dónde estaba hasta que volvía a casa a dormir.

Aunque puede ser muy divertido descubrir las diferencias en la crianza de cada persona, también puede ser una fuente subliminal de estrés y frustración. Hay momentos en las que vemos esto claramente cuando trabajamos juntos en el Centro de Relaciones Smalley. Norma administra las operaciones de nuestra empresa; yo brindo el contenido. Al pensar en ello, parece una simple organización. Sin embargo, no siempre es así.

Nuestras reuniones con el personal son el mejor ejemplo. Yo dirijo una reunión sin estructura. Norma interviene en las reuniones con presupuestos y calendarios. Conmigo, nunca se sabe dónde puede terminar la reunión. Con Norma, tenemos un programa y un plan claro de nuestro rumbo. Y aquí es donde su pasado y el mío se enfrentan.

Cuando intervengo en una reunión ejecutiva y anuncio que vamos a reestructurar la empresa, Norma no sabe qué hacer. Y no sabe qué hacer porque las reglas, la estructura y la organización corren por sus venas. Cuando declaro que comenzaremos otra empresa sin fines de lucro para ayudar a matrimonios y familias, Norma piensa en formularios impositivos, contadores, abogados, cambios recientes en las leyes y la manera en que todo ello afectará al personal y la organización. Existe una forma establecida y correcta de hacer las cosas, pero mi formación permisiva no considera los límites. Muchas veces siento que todos los detalles se resolverán solos. Con su formación, Norma sabe que no es así. Por lo tanto, ¿cómo combinamos estas dos experiencias tan diversas?

La respuesta es simple, y dedicaremos todo este libro a mostrarle cómo lograrlo. Norma y yo hemos prosperado en el matrimonio durante todos estos años por un simple hecho: comprendemos la personalidad y el trasfondo del otro. Lo más importante es que los dos respetamos la formación del otro ¡y la consideramos valiosa! Y hemos asumido el compromiso de vida de ayudar a otros matrimonios y familias. Nuestra manera de actuar en la vida diaria puede ser totalmente distinta, pero tenemos la misma misión que cumplir.

## Las raíces de Ted: Padres dominantes

Crecí en un hogar dominante. Para ser justo, dado que mis padres todavía viven y los amo mucho, debo explicar que íbamos a una iglesia que enseñaba este modelo de crianza.

Por lo tanto, crecí en una iglesia bautista independiente, fundamentalista, premilenarista, que solo leía la *King James Bible* [versión inglesa de 1611 del rey Jacobo]. Y me fastidiaba. Me arrastraban a la iglesia los domingos a la mañana, los domingos a la noche y los miércoles a la noche (y cualquier otra noche de la semana que mi pastor quisiera). Este estilo dominante de crianza no hacía más que alimentar mi naturaleza a sentirme culpable.

Hace algún tiempo, Amy y yo llevamos a los niños a Disneylandia. Por la forma en que fui criado, los carteles peatonales son el equivalente a la ley. Hay que seguir los carteles y obedecerlos pase lo que pase. Para mi esposa, los carteles son solo sugerencias para los demás. Así que estábamos disfrutando del día en Disneylandia y teníamos un enorme cochecito doble para cuando los niños se cansaran de caminar. ¡El cochecito era tan grande que parecía que tenía motor! Temprano aquella tarde, Carson, nuestro hijo, se durmió en el cochecito. Yo lo estaba empujando cuando Amy decidió llevar a nuestra hija Corynn a una zona de manualidades infantiles. En ese momento, vi un cartel que decía: "No pasar con cochecitos".

—¡Vamos! —dijo Amy.

—¿En verdad crees que ese cartel es para todos excepto para ti? —protesté.

—Ted, ellos comprenden que si el bebé se duerme en el cochecito, no puedes dejarlo solo cuando vas a entrar a un juego o participar de una actividad —argumentó ella—. Por supuesto que puedes entrar.

—No dice eso en ningún lugar del cartel —dije—. Si explicaran eso en el cartel, le prestaría atención. Yo me quedo aquí con el cochecito.

La zona de manualidades estaba vacía. Amy y Corynn eran las únicas que trabajaban en una actividad. Mientras mecía a Carson en el cochecito fuera de la línea de entrada, vi que Amy levantaba la cabeza y articulaba una serie de palabras con el movimiento de sus labios. (Somos tan buenos en la comunicación en nuestro matrimonio que ya no necesitamos usar tonos audibles). Supe lo que me decía. Me estaba indicando que pasara. Podía sentir la presión social que crecía ¡y la de mi propia esposa!

Finalmente, cedí. Así es, como pastor hecho y derecho, miré hacia ambos lados y entré el cochecito a escondidas en una zona prohibida de Disneylandia. No fue uno de mis mejores momentos, pero le quise dar el gusto a mi esposa. Bueno, no habían pasado ni treinta segundos cuando uno de los enanitos del grupo de Cenicienta se me acercó y me dijo:

—Señor, ¿no vio el cartel?

Le eché un vistazo a mi esposa, a quien amo con toda mi alma, ¡y me di cuenta de que en ese momento se había desentendido totalmente de mí! No quiso tener contacto visual conmigo ni con el enanito.

—Sí, vi el cartel —dije y miré el cochecito.

—Señor, es necesario que se vaya a esa zona —dijo, apuntando hacia afuera.

Después de terminar las manualidades con Corynn, Amy salió, miró rápidamente mi expresión de enojo y me dijo:

—¡Oh, te comportas como un niño pequeño!

—¡Más bien, tú te comportas como una niña pequeña! —exclamé—. ¡Violamos una regla! La regla decía nada de cochecitos. Y a propósito, firmamos un pacto. Estamos unidos para toda la vida, ¡y tú te desentendiste de mí en ese momento!

—¡Qué dramático eres! —dijo.

Lo peor es que ella tenía razón. Mi esposa vive con un sentido de total despreocupación que para mí es muy estimulante. Mientras tanto, yo seguía caminando por Disneylandia como un paranoico, con el temor de que Cenicienta y su pandilla me arrestaran por violar la regla de los cochecitos. A medida que caminábamos por el parque, me di cuenta de que mi naturaleza propensa a sentirme culpable y mi formación basada en las reglas estaban asomando su espantosa cabeza. Más tarde aquel mismo día, Amy me recordó amablemente: "Ted, nunca te olvides de que Jesús te hizo libre. No tienes que vivir atado al pasado". Y yo necesitaba escuchar aquello.

Al mirar atrás, pude darme cuenta de que mi naturaleza propensa a sentirme culpable era la causa de gran parte de la confusión y frustración de los primeros años de nuestro matrimonio. Inmediatamente después de nuestra boda, Amy y yo nos trasladamos al sur de Georgia a una pequeña iglesia bautista donde fui pastor asociado durante dos años. Todavía siento un gran afecto por las personas maravillosas que componen la Iglesia Bautista Southside de Lakeland, Georgia. Allí era líder de jóvenes y de alabanza, y mis responsabilidades requerían que estuviera varias noches por semana en la iglesia. En otras palabras, cada vez que las puertas de la iglesia se abrieran, debíamos estar allí.

Después de Southside, nos mudamos a Dallas para poder asistir al Seminario Teológico Dallas. Nunca olvidaré lo extraña que fue nuestra primera semana allí. Había aceptado un trabajo de cuarenta y cinco horas semanales en el departamento de sistemas de una empresa de ingeniería civil, y además estaba cursando doce horas de créditos en el seminario. Nuestra vida estaba colmada de actividades. Amy trabajaba como maestra en una escuela. Además estábamos buscando una buena iglesia a la que pudiéramos integrarnos. Durante nuestra primera semana, ocurrió algo que hasta este día Amy no me deja olvidar.

Era miércoles por la tarde cuando llamé a Amy y le pregunté si quería visitar The Heights [Las alturas], una iglesia bautista grande ubicada en la Autopista 75 Norte en las afueras de Dallas. Ella aceptó.

Tenga en cuenta que era miércoles y que todo hijo de Dios bueno y recto asiste a la iglesia los miércoles a la noche (digo esto con amor y humor hacia todos nuestros lectores). Cuando entramos al estacionamiento, solo había una docena de automóviles más o menos. El estacionamiento tenía cabida para miles de autos. Pero esto no me alarmó porque sabía que solo un pequeño porcentaje de la multitud de los domingos asiste durante la semana.

Entramos por la puerta principal, y un empleado nos saludó con mucha cortesía.

—Buenas noches. ¿En qué puedo ayudarles?

—Venimos a la iglesia —dije repentinamente.

El empleado, que de hecho estaba saliendo de la iglesia, dijo:

—En realidad, no tenemos culto esta noche.

—¿Qué programas ofrecen? —pregunté.

El empleado se quedó bastante perplejo y no supo qué decir. Después de recurrir a un boletín que había quedado del domingo, finalmente pudo señalar una clase que había esa noche en el salón de actividades.

—De acuerdo —dije como si estuviera comprando una reventa de entradas para los últimos dos lugares de la Serie Mundial de Béisbol.

En cuestión de minutos, teníamos la Biblia abierta junto a unos quince miembros de un grupo de estudio bíblico para personas de la tercera edad, conducido por el pastor de la tercera edad de la iglesia. Escuché con atención y tomé nota. A la mitad de la clase, miré a Amy, y ella me clavó sus ojos. Esos ojos podían interpretarse como: "¿Qué diablos estamos haciendo acá?".

Más tarde, fuimos a cenar a un restaurante y a hablar un poco.

—Ted, ¿de qué trata todo esto? —me preguntó Amy.

—¿Qué quieres decir? —le pregunté. Me encanta responder una pregunta con otra pregunta.

—No me malinterpretes. Eran personas encantadoras, pero ¿quieres asistir a un grupo de estudio bíblico para personas de la tercera edad? —preguntó, aún sin obtener respuesta.

—No, pero estamos buscando una iglesia —dije.

Con paciencia, ella ahondó un poco más.

—Ted, estás tomando tres clases de teología este semestre además de trabajar cuarenta y cinco horas por semana. ¿Necesitamos más actividades y estudios bíblicos?

¡Entonces caí en la cuenta! Veintidós años en un entorno dominante se desvanecieron en un instante. No hacía falta que ella dijera una palabra más. Ya lo había entendido. Pasamos las dos horas siguientes en una de las mejores conversaciones sobre "expectativas" que jamás hayamos tenido. Hasta este día, seguimos riéndonos de aquella noche.

Cuando usted acepta sus raíces, puede llegar a ser todo lo que Dios ha diseñado para su vida, su matrimonio y su futuro. Puede descubrir por qué responde de cierta manera ante ciertas circunstancias y también descubrir la raíz de las respuestas de su cónyuge. Y cuando usted descubre por qué es como es —y por qué su cónyuge es como es—, entonces tienen la bendición de unirse más y aprender a amarse más profundamente.

Reconocer sus raíces es tan solo el primer paso para tener un enfoque positivo de las expectativas que llevó al matrimonio. El siguiente factor que necesitamos analizar es de qué manera la cultura afecta a nuestras expectativas. En el capítulo 3, veremos las influencias culturales que sigilosamente (y no tanto) nos han formado. Le ayudaremos a identificar a cuál de las cuatro generaciones pertenece y de qué manera incide esto en su visión del matrimonio y las relaciones. Después, veremos las cuatro voces de la cultura que intentan influenciarnos. ¡El simple hecho de reconocerlas les ayudará a usted y a su cónyuge a llegar a ser conformes al designio de Dios!

## PREGUNTAS Y RESPUESTAS

Esta pregunta la envió a nuestro sitio de la Internet una mujer a quien le cuesta perdonar a sus padres por lo que le hicieron pasar de niña.

*P: Mi papá y mi mamá ya no viven, y todavía me cuesta perdonarlos por divorciarse cuando yo tenía once años. He ocultado esto durante toda mi vida y siento que gran parte del dolor que he sufrido en mi propia vida es resultado directo del mal ejemplo que me dieron mis padres. ¿Cómo puedo perdonar a mis padres muertos y seguir adelante con mi vida?*

*R:* Su pregunta es un gran comienzo hacia la recuperación. Las verdades que adopte respecto del perdón le ayudarán en todas sus relaciones, especialmente en cómo se relaciona con su cónyuge, sobre todo si el comportamiento de él le recuerda el estilo de crianza de uno de sus padres.

Pablo dijo en Romanos 12: "No paguéis a nadie mal por mal;

procurad lo bueno delante de todos los hombres. Si es posible, en cuanto dependa de vosotros, estad en paz con todos los hombres" (vv. 17-18). Fundamentalmente, lo que dice Pablo es que, aunque ya no pueda estar frente a frente con sus padres, aun así puede perdonarlos. No por el bien de ellos, sino por su propio bien. Usted tiene que eliminar de su cuerpo el veneno que ha estado bebiendo, llamado amargura y resentimiento. El versículo dice: "en cuanto dependa de vosotros". La cuestión del perdón está en el centro de la responsabilidad personal. Su enojo y falta de perdón hacia sus padres han impedido su progreso. Su manera de encarar la vida como una víctima ha frustrado los mejores planes que Dios tiene para usted.

No puede revertir la crianza que tuvo. Eso no es posible. No puede volver a vivir su niñez y cambiar a sus padres. En otras palabras, usted no tiene ninguna responsabilidad por el modo en que la criaron. Ninguna persona del planeta tuvo la opción de elegir a sus padres. Pero hay algo que sí podemos elegir. Tenemos el 100% de la responsabilidad de elegir hacia dónde vamos hoy.

Suelte el dolor. Suelte el pasado. Una vez que le entregue esto al Señor, podrá *vivir en paz con todos*. Dejará de sentirse un rehén indefenso en la vida. El cambio llegará cuando comience a resolver su enojo.

Los mejores días están por venir. Aprenda de esto y ayude a otras personas a dejar de beber el veneno del enojo no resuelto.

Usted no puede asumir la responsabilidad por lo que le ocurrió con sus padres en el pasado, sino que su responsabilidad es mirar hacia adelante. La decisión le pertenece a usted. Puede decidir vivir el resto de sus días como víctima de su pasado. O puede aceptar la responsabilidad personal y ser un ejemplo para las generaciones siguientes.

# CAPÍTULO 3

# INFLUENCIAS CULTURALES

Si alguna vez ha conocido a un *baby buster*, esa persona creció con la misma clase de influencias culturales que yo tuve. Si ha conocido a un *boomer*, conoció a alguien muy parecido a mi papá.

Dos años después de que nos casáramos, Amy y yo dejamos una iglesia maravillosa y un trabajo en el sur de Georgia para ir a Dallas a fin de cursar mis estudios de seminario. Además de mi jornada laboral de cuarenta y cinco horas semanales como administrador de redes informáticas, y tres clases en el seminario, acepté un puesto de tiempo parcial como líder de alabanza durante los fines de semana en la Primera Iglesia Bautista de Little Elm, Texas. En pocas palabras, estábamos totalmente faltos de tiempo.

La empresa de ingeniería civil donde trabajaba estaba formada por un grupo de enérgicos *boomers*. El horario de trabajo oficial era de 7:30 de la mañana a 5:30 de la tarde. Dado que mis clases comenzaban a las 6:30 de la tarde, tenía que salir disparado de allí para lidiar con el tránsito y poder llegar a tiempo a la clase. El problema y apremio que enfrentaba cada día a las 5:30 era ser el único en usar el elevador. Nadie más se iba. Mis colegas me clavaban una extraña mirada. Algunos incluso pasaban a mi lado y decían entre dientes cosas como: "¡Debe ser bueno!" o "¿Así que media jornada?".

Además estaba mi matrimonio. Tenía demasiadas ocupaciones y sabía que eso estaba causando conflictos en casa. Debía hacer algo al respecto. Tenía que tomar ciertas decisiones para que pudiéramos sobrevivir, ¡y no digamos prosperar!

Era viernes por la tarde, apenas un mes después de comenzar con mi trabajo nuevo, cuando toqué fondo. Solo conocía a una persona a la que podía llamar para pedirle ayuda y apoyo: mi padre. Con lágrimas en los ojos, marqué el número en mi cubículo de dos por dos.

—Hola, papá —dije en voz bien baja.

—Hola, hijo —respondió.

—No me está yendo muy bien, papá.

—¿Qué pasa? —preguntó.

Y me descargué, o tal vez debería decir, le pasé mi carga:

—Las cosas no están bien. Amy y yo estamos estresados con el traslado a una nueva ciudad, el comienzo del seminario y la adaptación. Papá, tú has trabajado más de treinta años en la vida corporativa; ¿cómo lo lograste? La presión que tenemos aquí de excesivas horas de trabajo es abrumadora. No soy un haragán. Tengo dos trabajos, tres si contamos el seminario. Me preocupa que todo esto sea demasiado para Amy. ¿Qué debo hacer?

—Bueno, Ted, indudablemente tenías la vida fácil en Georgia —me dijo.

Me sentí desilusionado y frustrado por la respuesta de mi papá. Él me estaba recordando que deberíamos habernos quedado en Georgia donde las personas nos amaban, nuestra vida era equilibrada, y trabajábamos de manera razonable. Quería que él me apoyara emocionalmente donde yo estaba, no donde había estado. Para mi padre, lo que yo describía parecían las presiones normales de la vida. Pero para mí, era demasiado.

Lo que yo no sabía era que mi conflicto con las expectativas respecto de mi vida, mi matrimonio y el trabajo estaba ligado a algo más grande que mi propia vida. Era el resultado directo de la cultura y la generación en la que fui criado. Por otra parte, el consejo de mi papá provenía directamente de la generación y la cultura en la que él fue criado.

En este capítulo, veremos algunas diferencias de las cuatro generaciones y cómo la generación en la que usted creció da forma a sus expectativas del matrimonio. Después, analizaremos las influencias culturales, incluso las películas, las canciones y los espectáculos de televisión, que intentan convencernos de que nos conformemos con menos de lo mejor que Dios tiene para nuestras vidas, nuestras relaciones y nuestro matrimonio.

## Las cuatro generaciones

Pocas personas hablan de la importante relación entre el conflicto matrimonial y la generación en la que nace una persona. Vamos a ver cuatro generaciones bien diferentes; esto nos permitirá comprender mejor de qué manera el período en el que usted nació afecta a sus actitudes, sus reacciones y sus expectativas respecto de su matrimonio y del resto de las relaciones. Además, tendrá un panorama de las demás generaciones. Preste especial atención a la generación que creció antes y después de la suya; descubrirá en qué áreas tienden a tener conflictos estas generaciones. ¡El descubrimiento (conocimiento) es poder! En este caso, el poder para comprender a su cónyuge y otros miembros de la familia. El propósito de analizar las distintas generaciones es ayudarlo a percibir los mensajes que la cultura ha escrito en su corazón y de qué manera estos influyen en sus expectativas matrimoniales. Es el primer paso para cubrir la brecha entre sus expectativas y la vida real.

Tenga en cuenta que usted podría tener algunas características propias de otra generación también. Por ejemplo yo (Gary) soy un *builder*, pero adopto muchas de las características de un *boomer*. Ted es un *buster*, pero después de pasar tiempo con él durante muchos años, he notado tendencias de un *boomer* en él. ¡Será por ello que nos llevamos tan bien!

### Generación n.° 1: *Builders* [Los forjadores, también llamada Generación Silenciosa]

Si usted nació entre 1922 y 1943, es un *builder*. Algunos de los sucesos destacables en su vida incluyen la Gran Depresión y la Segunda Guerra Mundial. Usted tiende a valorar el trabajo esforzado, la ley y el orden (no solo la serie de TV estadounidense que lleva ese título) y el respeto por la autoridad. Esta generación recuerda cuando el pan se ganaba día a día —seis o siete días a la semana—, y la mayoría de ellos recurría a la radio como medio de entretenimiento.

A la generación *builder* también se la llama "la mejor generación". Quiero darle algunos conceptos o ideas generales sobre ella. Esta es la generación del sacrificio. Es la generación que no solo salvó al mundo para nuestro beneficio, sino que también construyó su país con sacrificio y esfuerzo. Estaban dispuestos a sudar hasta la última gota para cumplir con la tarea. Son personas de palabra, lealtad y honor. Una vez que aceptaban un trabajo, no renunciaban a él. Por ello son los que más jefes han tenido como resultado de su antigüedad en el trabajo.

## EXPECTATIVAS DE LOS *BUILDERS*

### PERMANECER CASADO
### RESOLVER LOS PROBLEMAS
### TRABAJAR DURO
### A SUS HIJOS LES DICEN: "YO NO LO TENÍA,
### ASÍ QUE TÚ NO LO NECESITAS"

Pienso en aquella pareja que había estado casada durante setenta y cinco años. Se pararon delante del juez y le dijeron: "Vamos a divorciarnos". El juez les preguntó por qué querían divorciarse después de setenta y cinco años de matrimonio. El anciano miró a su mujer y después al juez, y dijo: "Bueno, decidimos esperar hasta que murieran nuestros hijos".

Esta es la generación *builder*. Son personas de gran lealtad, fuerte ética de trabajo y disposición al sacrificio. Otra de sus características es el ahorro.

No vemos muchos *builders* en nuestros seminarios para matrimonios. No porque no lo puedan costear, sino porque no creen que lo necesiten. Los *builders* a menudo nos dicen: "Después de cincuenta años de estar casados, ¿qué hay de nuevo? ¿Qué podríamos aprender que mejore nuestro matrimonio?". Esta generación de "trabajo duro" puede llegar a adoptar una actitud de "para qué arreglarlo, si no está roto" en cuanto al matrimonio. El enriquecimiento personal no significa mucho para los *builders*. ¿Por qué? Porque crecieron en un estado de supervivencia. Por eso se esfuerzan tanto. Pero cuando esa actitud se filtra en el matrimonio, puede llegar a formar un vacío carente de intimidad.

**Generación n.º 2: *Baby boomers* [Generación de la posguerra]**

Los *baby boomers* son los que nacieron entre 1943 y 1960. Algunos de los sucesos que se destacan en su vida incluyen el invento de la televisión, el movimiento de los derechos civiles y la prosperidad que experimentó los Estados Unidos después de la Segunda Guerra Mundial. Un *boomer* tiende a valorar la salud y el bienestar, el crecimiento personal y la participación en la cultura.

La primera mitad de esta generación creció mirando *Yo amo a Lucy*. Es la que estuvo sentada en la sala de su casa con gran expectativa cuando Neil Armstrong caminó sobre la luna en 1969. La que comenzó a hablar públicamente sobre sexo de una manera en que sus padres nunca lo hicieron.

Los *baby boomers* tienden a vivir para trabajar y no trabajar para vivir. Tienden a ser muy eficientes y a buscar la manera de hacer las cosas con rapidez y eficacia. Encuentran el éxito en los logros y la riqueza adquirida.

## EXPECTATIVAS DE LOS *BOOMERS*

UN MATRIMONIO DURADERO

DISIMULAR LOS CONFLICTOS MATRIMONIALES DELANTE DE
LOS AMIGOS Y LA FAMILIA

TRABAJAR MUCHO Y SER EXITOSOS

### A SUS HIJOS LES DICEN: "YO NO LO PUDE TENER, POR ESO HARÉ LO IMPOSIBLE PARA QUE TÚ LO TENGAS"

Si los *boomers* tienen problemas matrimoniales, usted rara vez lo sabrá. Pueden pelear y discutir durante todo el camino a la iglesia, pero cuando llegan al estacionamiento, salen del automóvil a toda sonrisa. Incluso se toman de la mano mientras entran al edificio. Por eso a muchos de la generación *boomer* les cuesta participar en grupos pequeños. No creen que otras personas deban conocer sus "trapos sucios". Otro dicho favorito de los *boomers* sería: "Nuestro matrimonio está bien". Nadie sabe que los *boomers* tienen problemas matrimoniales hasta que la relación llega a una crisis. Entonces sí buscan ayuda. A diferencia de sus padres *builders*, los *boomers* son capaces de llegar al punto de admitir que algo no funciona en su matrimonio y buscar ayuda. Para los *builders* este tipo de problemas en el matrimonio es algo "normal".

### Generación n.° 3: *Busters* [también llamada Generación X]

La generación de los *busters* incluye a los nacidos entre 1960 y 1980. Algunos de los sucesos destacables de esta generación son Watergate, la caída del Muro de Berlín y la influencia de MTV. Los *busters* tienden a valorar la diversidad, el pensamiento global y el pragmatismo.

Si usted es un *buster*, es muy probable que haya usado los pantalones arremangados como parte de una moda lamentable, haya jugado al *Trivial Pursuit* [juego de preguntas y respuestas sobre conocimiento general] y haya visto a Michael J. Fox en las tres películas de *Volver al Futuro*.

Dado que los *boomers* trabajaban tanto, muchos *busters* crecieron sin un vínculo verdadero con sus padres o su familia. Muchos nunca oyeron las palabras "te amo" de alguno o ninguno de sus padres. En cambio, el amor se expresaba mediante la provisión material o los regalos.

Muchos *busters* fueron niños que no encontraban a sus padres cuando volvían de la escuela y, en consecuencia, les cuesta comprender cómo es un matrimonio saludable.

Los *busters* tienden a trabajar para vivir y divertirse los fines de semana. Saben que si un trabajo no funciona, pueden buscar otro. Para cuando llegan a los treinta años, pudieron haber tenido más puestos de trabajo que los que sus padres hayan soñado en toda su vida. También luchan con la idea de sentirse con derecho y, al graduarse (de la secundaria o de la universidad), quieren tener de inmediato todo lo que sus padres tuvieron después de trabajar más de veinte años.

## EXPECTATIVAS DE LOS *BUSTERS*

DARLE UNA OPORTUNIDAD AL MATRIMONIO

EL DIVORCIO ES UNA OPCIÓN VÁLIDA

TRABAJAR LO NECESARIO

SER PADRES EXCELENTES Y AMANTES ACEPTABLES

A SUS HIJOS LES DICEN: "YO NO LO PUDE TENER,

PERO A TI NO TE FALTARÁ NADA".

Mi generación (la de Ted) lucha con la idea de sentirnos con derecho. Esta mentalidad le está provocando un tipo de estrés a nuestra generación que ninguna otra ha sufrido antes. Ha provocado crisis en nuestros matrimonios por comprar automóviles y casas que no podemos pagar, y cambiar de trabajo tan a menudo como sopla el viento. El excesivo gasto del dinero, acompañado de la falta de estabilidad en nuestra ética laboral, ha creado una gran incertidumbre respecto del futuro.

Este sentido de tener derecho puede llevarnos también a cambiar de cónyuge tan a menudo como cambiamos de trabajo. Mi amigo Pedro tuvo cinco trabajos el año pasado. Cuando nos reunimos a almorzar un día, me dijo que el mercado laboral no le estaba dando buenos resultados. Cuando indagué más, descubrí algo sobre Pedro que no solo se aplica a la ética laboral de los *busters*, sino también a su ética matrimonial.

—¿Por qué tantos trabajos? —pregunté.

—Ted, no te lo vas a creer, pero tuve cinco trabajos malos porque mis cinco jefes eran malos —contestó.

—Cinco jefes malos... No lo puedo creer. ¿Será posible? —dije—. ¿Y cómo te está yendo con tu sexto trabajo y tu jefe?

—Este no parece mucho mejor —dijo.

Ahí supe que tenía que explicarle a Pedro el principio del *denominador común*.

—Pedro, tengo que explicarte algo importante: dondequiera que vayas, la historia se repite.

Me miró desconcertado, así que continué con mi explicación:

—Pedro, ha existido una constante en todos los trabajos que has tenido. ¿Sabes cuál es? ¿Puedes descubrir el punto en común?

—¿Cuál es? —preguntó.

—¡Tú!

—Todos mis jefes eran implacables si llegaba un poco tarde —dijo—. Todos mis jefes pretendían que trabajara cinco días a la semana. Vamos, Ted, ¿qué tiene de malo querer tomarse algo de tiempo libre?

—Pedro, tienes que resolver esto —dije—. Si no tienes cuidado, esta misma actitud afectará a tu matrimonio el día que te cases. Yo sé que no estás casado con tu trabajo, pero piensas casarte algún día, ¿verdad?

—Claro —dijo.

—Entonces, tienes que empezar a asumir la responsabilidad personal de tu vida. Tu jefe y tu futura esposa no son la fuente de todos tus problemas y carencias. Llegar a ser adulto no tiene nada que ver con la edad, sino realmente con tomar la decisión de hacerte cargo del 100% de tus pensamientos, emociones, palabras y acciones. Eso significa que nunca más volverás a culpar a los demás por lo que tú estás haciendo.

Pedro no es distinto de otros *busters* que conozco y me toca aconsejar. Las generaciones *builder* y *boomer* fueron obligadas a madurar a temprana edad. Muchos tuvieron que comenzar a trabajar desde pequeños para sobrevivir. Dado que a los *busters* se les dio todo y tuvieron que esforzarse por muy pocas cosas, a menudo no entienden el concepto de trabajo (en el mercado laboral o en el hogar) hasta una etapa posterior de la vida. Muchos *busters* con los que trabajo no llegan a ser adultos hasta los treinta e incluso los cuarenta.

## Generación n.° 4: *Bridgers* [también llamada Generación Y]

Los *bridgers* son los nacidos después de 1980. También se los llama "generación del milenio" o "mosaico". Algunos de los sucesos destacables y las tendencias de esta generación incluyen la violencia escolar, el multiculturalismo y la popularidad de los *reality shows*. Los *bridgers* tienden a valorar el deber cívico, los éxitos y la diversidad.

Esta generación se define por las consolas de videojuegos, los reproductores de mp3 y todo lo que sea tecnológico. Los *bridgers* están enseñando a los *busters*, los *boomers* y los *builders* a usar la tecnología. Disponen de información, tanto buena como mala, de una manera impensada para las generaciones anteriores. Por ejemplo, los *busters* y los *boomers* compraban álbumes y CD, muchos de estos llenos de canciones que nunca escuchaban, pero pagaban el precio total de todos modos. Los *bridgers* pagan noventa y nueve centavos por canción en iTunes y solo pagan por las que quieren escuchar.

Esta generación del iPod está todavía en el proceso de autodefinirse. Los *bridgers* quieren vivir, no vivir para trabajar. Quieren tener expectativas totalmente definidas en el trabajo. Cuando cumplen con esas expectativas, quieren irse a casa, preferentemente antes de las cinco de la tarde con la opción de trabajar con un horario flexible. Una vez en casa, quieren pasar tiempo con su familia, especialmente con sus hijos. Muestran el amor por sus hijos en el tiempo que pasan juntos.

## EXPECTATIVAS DE LOS *BRIDGERS*

POSTERGAR EL MATRIMONIO

ESPERAR LA COMPATIBILIDAD CON UN ALMA GEMELA

TRABAJAR DE MANERA MÁS INTELIGENTE,
NO MÁS ESFORZADA

OBTENER INFORMACIÓN CON SOLO PULSAR UN BOTÓN

La generación *bridger* es, hasta ahora, la generación más rápida de la tierra.

Aunque los avances tecnológicos han mejorado mucho nuestra calidad de vida, existe un lado negativo. Francamente, a mí (Ted) me aterra pensar en el matrimonio de los *bridgers*. La tasa de adicción sexual entre los jóvenes adultos es alarmante. Es el pecado oculto del que no queremos hablar. Sin embargo, por sí solo está corrompiendo nuestra sociedad: matrimonios, familias, carreras e incluso iglesias.

Cuando Gary y yo éramos jóvenes adolescentes, no era tan fácil acceder a material sexualmente explícito. Las películas y revistas se intercambiaban secretamente en sótanos o canchas deportivas. Recientemente una alarmante encuesta mostró que el 50% de los varones cristianos y el 20% de las mujeres cristianas admiten ser adictos a la pornografía. No solo tienen problemas... son adictos. Son ochenta y cuatro millones de cristianos.[1]

## El factor cultural

Cada generación "posee" un estilo de música distintivo, y las generaciones modernas también tienen otro elemento particularmente característico: ¡las películas! Gary y yo somos grandes amantes del cine. (Sinceramente, no sé qué nos gusta más: las películas o las palomitas de maíz).

Podría ser sutil, pero las películas y la música tienen el poder de conformar nuestras expectativas de matrimonio. Si no tenemos un filtro (esos pequeños dispositivos en el cerebro que permiten que la razón prevalezca sobre la emoción), podemos terminar por dejar que se filtren en nuestro corazón mensajes que no deberían estar allí.

Yo (Gary) soy un romántico incurable. Una de mis películas favoritas de todos los tiempos es *Orgullo y prejuicio*. Llevado nuevamente a la pantalla grande en 2005, este clásico de Jane Austen nos enseña sobre el poder del amor y el compromiso. Cuando la bella Elizabeth Bennett conoce al apuesto señor Darcy, jura que nunca se casará con un hombre así. Si fuera el último hombre sobre la faz de la tierra, seguiría soltera hasta la muerte. Pero la aventura toma el control. Mediante una serie de acontecimientos, se enamora del hombre que una vez no podía soportar. Me encanta la película por muchas razones. Diálogos inteligentes, aventura y romance son los ingredientes perfectos de una gran historia de amor.

A veces creo que Norma y yo vivimos dentro de una novela gigante, y que cada día se escribe un nuevo capítulo. Una razón por la que la película de Jane Austen me impresionó tanto es porque veo representado en la pantalla a mi matrimonio. Norma y yo no podíamos ser más distintos. Cuando Norma me conoció por primera vez, dijo: "¡No es para nada mi tipo!". Ella buscaba una persona totalmente distinta a mí. Pero a través de los años, las aventuras que hemos vivido juntos, la risa y el romance nos han unido como pareja.

Yo (Ted) prefiero las películas de acción y aventura. Mis favoritas son las que muestran una amenaza de destrucción del mundo. Puede que piense: *¡Qué morboso!* Pero en realidad estas películas han afectado considerablemente a mi trato hacia mi familia (de manera positiva).

Una de mis películas favoritas de todos los tiempos es *Impacto profundo*. Morgan Freeman representa al presidente de los Estados

Unidos, que anuncia a todo el mundo que un meteorito se dirige a la Tierra. Durante toda la película, usted sabe exactamente cuánto tiempo queda antes que el meteorito choque contra el planeta. Con el anuncio de que quedan solo treinta días, se muestran pantallazos de la vida de distintas personas y de cómo deciden pasar el tiempo. Un personaje, que había estado distanciado de su padre durante años, decide expresarle lo que debería haberle dicho hace tiempo. El retrato de la reconciliación es hermoso.

Esa película, combinada con la canción de Tim McGraw "*Live Like You Were Dying*" [Vive como si te estuvieras muriendo] me ha hecho amar más profundamente, hablar con más dulzura y perdonar a mi familia y amigos con más rapidez.

¿Qué haría usted si solo le quedaran treinta días de vida? ¿Cómo modificaría sus prioridades? Las películas y la música son muy eficaces en ayudarnos a responder estas preguntas, porque tocan nuestras emociones. Cuando algo toca sus emociones, usted lo recuerda toda su vida. Por ello recuerda la letra de una canción más fácilmente que el artículo que leyó en una enciclopedia. ¡Las películas y la música tienen el poder de hacer justo eso!

Anoche regresábamos a casa después de cenar cuando un ciervo enorme se cruzó delante de nuestro vehículo. Viajábamos a unos 80 km/h, chocamos contra el ciervo y destrozamos la parte delantera del automóvil, del lado del conductor. De algún modo, en esa fracción de segundo, pude mantener las manos en el volante y reaccionar bien.

Mantuve las manos en el volante. No hice movimientos bruscos. Cuando finalmente logré detenerme para examinar los daños, no podía abrir la puerta del conductor. Tuve que salir por la puerta del acompañante, la de Amy. Mientras rodeábamos el vehículo, no me di cuenta de que Corynn, nuestra hija de cuatro años, había logrado soltarse el cinturón de seguridad y había salido del auto. Vino corriendo hacia mí mientras gritaba: "¡Era de verdad! ¡Era de verdad!".

Cuando miré a mi alrededor, me di cuenta de que el ciervo se había escapado al bosque, y no podíamos hacer nada. Después de consolar a nuestra hija, Amy y yo volvimos al automóvil. Entonces ella dijo: "Sabía que este día llegaría. Por cómo manejas, este día iba a llegar, pero realmente me sorprende lo bien que salió. En verdad lo manejaste bien".

Sonreí. ¡Creo que mirar las carreras de automóviles NASCAR había surtido efecto! El vehículo logró arrancar, y por fortuna, estábamos a solo una a dos kilómetros de casa. Durante el resto del viaje, estuvimos alabando a nuestro Padre celestial por su protección.

Todo este incidente fue un recordatorio de que debemos dar gracias a Dios por cada día y ponernos a cuenta en todas nuestras relaciones. La reconciliación debería ser el orden de cada día. Piénselo un momento. ¿Qué haría si solo le quedaran treinta días de vida? ¿A quién necesitaría pedirle perdón? ¿A quién tendría que perdonar? ¿Qué le quedó por decir que necesitaría gritar a toda voz?

Películas como *Impacto profundo*, *Armagedón* y *El día después de mañana* tratan este tema. Estas historias me recuerdan el pasaje de Santiago 4:13-14: "¡Vamos ahora! los que decís: Hoy y mañana iremos a tal ciudad, y estaremos allá un año, y traficaremos, y ganaremos; cuando no sabéis lo que será mañana. Porque ¿qué es vuestra vida? Ciertamente es neblina que se aparece por un poco de tiempo, y luego se desvanece".

Suele pasar que cuando miro una película me viene a la mente un versículo bíblico. Una escena me recuerda un versículo y me obliga a reflexionar sobre las Escrituras. Pero también hay veces que un versículo me viene a la mente justamente a la inversa.

## Mensajes mixtos

A través de la música y las películas, se han filtrado ciertos mensajes en nuestros corazones. Es importante identificar y clarificar estos mensajes para ver de qué manera se han transformado en expectativas sobre su matrimonio y su cónyuge. ¡Lo que usted elige como entretenimiento puede tener mayor influencia en su vida de lo que se imagina! Usted toma miles de decisiones diarias basadas en su visión del mundo. Como vimos en el capítulo 2, gran parte de su visión del mundo —la lente a través de la cual ve la vida— provino de sus padres. Pero una vez que dejó su casa paterna, su visión del mundo ha sido formada (y aún lo sigue siendo) por aquellas cosas a las que su vida está expuesta.

## Cuatro voces que socavan su matrimonio

Aunque no se dé cuenta, puede estar alimentando su mente y sus emociones con pensamientos y creencias negativas de los medios de comunicación. Ahora bien, eso no significa que necesite desconectar su iPod o su televisor por el resto de su vida. Lo que sí quiere decir es que tiene que tomarse el tiempo de evaluar regularmente lo que cree, por qué lo cree y qué está influyendo en su sistema de creencias. ¡Debe reconocer las voces que están resonando en su cabeza! ¿Le imparten vida y esperanza? ¿O acaso esas voces que tiene en la mente contribuyen a expectativas negativas, egoísmo y temor? He aquí algunas voces que probablemente haya escuchado en los programas y las canciones que le gustan. Pueden parecer inocentes, pero no se engañe. Pueden socavar su matrimonio y los planes que tiene Dios para su vida.

### Voz n.º 1: Es mío, todo mío

Probablemente haya escuchado esta voz a través de espectáculos como *Expedición Robinson* y *¿Quién quiere ser millonario?* La voz "Es mío, todo mío" resuena fuerte y claro, y también de manera silenciosa y sutil. Esta voz tiene otro nombre: materialismo. El materialismo puede definirse sencillamente como querer más. Cuando se combina con la idea de que ese "más" es bien merecido, el resultado es sentirse con derecho. ¿Alguna vez estuvo con personas que todo el tiempo se sienten con derechos? No es muy agradable estar con este tipo de personas. Son aquellos que entran a su cocina y se sirven cualquier cosa sin que usted se lo haya ofrecido. Se llevan cosas prestadas sin pedir permiso. Se decepcionan gravemente cuando usted no accede a su última demanda, pedido o capricho.

¿Cómo saber si esta voz afecta a su vida? Puede reconocerla cada vez que sus posesiones determinan su importancia en la vida. Evalúe las prioridades de su corazón y hágase las siguientes preguntas: ¿Cuál es el orden de mis gastos el día que cobro? ¿Pago las cuentas, hago algunos gastos extra y después ahorro y doy? ¿O es dar y ahorrar una prioridad?

No se obsesione con tener más que sus vecinos, pues ellos están endeudados.

Jesús les recordó a sus discípulos: "...la vida del hombre no consiste en la abundancia de los bienes que posee" (Lc 12:15). Y Salomón dijo sabiamente: "...al rico no le deja dormir la abundancia" (Ec. 5:12). En otras palabras, cuanto más tiene, más tiene de qué ocuparse. Una casa más grande significa más trabajo de limpieza. Un automóvil más grande significa mayor consumo de gasolina. Un trabajo más importante significa más horas y responsabilidad. Más grande no siempre es mejor.

Constantemente, tengo que tener cuidado con esta voz. Hace poco encontré en la puerta de mi casa un anuncio de una oferta para los primeros compradores de un televisor de alta definición de cincuenta y dos pulgadas, por solo US$ 474. ¡Todo lo que teníamos que hacer era levantarnos a las tres de la mañana! Le conté a Amy sobre la promoción, y me dijo: "¡Increíble! Pero ya tenemos varios televisores".

Tenía razón. Y yo necesitaba que su voz me ayudara a dejar de escuchar la voz del materialismo.

**Voz n.° 2: Yo y siempre yo**
Usted podría reconocer esta voz porque ¡es una de las más populares! La vemos presente en la vida de todos, desde las estrellas de

las películas y los músicos famosos hasta el vecino de al lado. La voz simplemente dice: Yo y siempre yo. Si alguna vez vio la telenovela dramática *Amas de casa desesperadas,* ¡habrá identificado esta fuerte y clara voz!

Esta voz egocéntrica va más allá de la preocupación natural por la salud, el bienestar y el futuro propio, y se convierte en una obsesión. La voz "Yo y siempre yo" nunca se refiere a los hijos, el cónyuge u otros empleados de la empresa. Su discurso nos transmite que el estatus, el éxito y el sueldo definen quiénes somos y nos dan importancia. Dado que la importancia se encuentra en las posesiones, ¡generalmente no pasa mucho tiempo hasta que las posesiones se apoderan de nuestra vida! Cuando tenemos una perspectiva individualista y centrada en nosotros mismos, es imposible saber qué significa tener una relación de amor con Dios y, menos aún, con los demás. El resultado es la satisfacción hueca que viene con la adquisición de cosas temporales.

Jesús dijo que si usted intenta guardar la vida para sí mismo, la perderá (véase Lc. 17:33). Solo al perder su vida —al rendirse a Dios—, puede encontrar la vida abundante.

### Voz n. 3: Si te hace sentir bien, hazlo

Mick Jagger es el que mejor uso hace de esta voz en la canción "*I Can't Get No Satisfaction*" [No consigo satisfacción]. Mi único problema con esta canción es que Jagger sigue usando pantalones de cuero. ¿No creen que sería hora de poner un límite de edad para que los roqueros usen pantalones de cuero?

Cuando escucho la canción de Jagger, no puedo dejar de preguntarme: *¿Por qué no consigue satisfacción?*

Alguien que canta: "Si te hace sentir bien, hazlo" es alguien que busca placer, ama la emoción del momento y busca cualquier cosa que lo haga sentir bien. El bienestar se convierte en el bien supremo.

¿Es malo el placer? No, pero es solo un subproducto de vivir bien, y no el propósito en la vida. Las personas que buscan el placer por sobre todas las cosas se llaman hedonistas. Los hedonistas nunca llegan a encontrar suficiente emoción o entusiasmo. Apenas terminan una experiencia placentera están listos para la siguiente.

Gálatas 5:13 nos recuerda: "Les hablo así, hermanos, porque ustedes han sido llamados a ser libres; pero no se valgan de esa libertad para dar rienda suelta a sus pasiones..." (NVI).

Una de mis barras de chocolate favoritas es la de la marca *Snickers*. Hace unos años, había una campaña publicitaria basada en la idea "*Snickers* te satisface". Es un excelente detalle excepto por un pequeño problema: cuando termino de comer una barra de *Snickers*, inmediatamente quiero otra. Esto se aplica especialmente a las de divertido tamaño miniatura. La verdad es que puedo pasar todo el día comiendo *Snickers*. Por lo cual me pregunto: *¿En verdad satisfacen los* Snickers? Mi cintura me dice que los *Snickers* me hacen querer más.

La voz que le dice: "Si te hace sentir bien, hazlo" le hará sentir que quiere más. Es la ley del rendimiento decreciente. Cuanto más placer deseamos y buscamos para gratificarnos por nuestras heridas, menos efecto tendrá. Dios nunca tuvo la intención de que el placer llenara el enorme vacío que tenemos en el alma.

**Voz n°. 4: Sobre gustos no hay nada escrito**
"Sobre gustos no hay nada escrito" podría parecer un eslogan atractivo, pero no le conviene dejarse llevar por él. Si permite que la voz de este eslogan resuene a menudo en su cabeza, su visión del mundo se desdibujará a causa de dos mitos.

El primero se llama el *mito de la situación*. Este mito sugiere que, sea cual fuese la situación en la que usted se encuentra, todo lo que tiene que hacer es adaptar la verdad para que le dé resultado. Las personas que escuchan esta voz creen que no pueden decirles a otros cómo tomar una decisión o vivir su vida. Después de todo, lo que a usted le da resultado podría no servirme a mí. El

°producto de esto es el relativismo. Usted termina por basar su ética en cualquier cosa que suceda en el momento.

El segundo es el *mito de la sinceridad*. No importa lo que usted crea o de qué manera lo aplique siempre que sea sincero. El problema con este mito es que podría estar sinceramente equivocado.

Cuando estos dos mitos se fusionan, en su mente resuena la voz que dice: "Sobre gustos no hay nada escrito". Mientras no se vean las consecuencias de sus acciones, creerá que está todo bien. El problema es que, la mayoría de las veces, no está todo bien, y alguien tiene que hablar y defender con amor lo que es correcto.

"Sobre gustos no hay nada escrito" le impedirá confrontar a otros de manera bíblica y también recibir la corrección de quienes más lo aman. Esta voz le impedirá crecer y ser todo aquello para lo cual Dios lo ha creado. En el matrimonio, puede ser devastador.

## Tres claves para encontrar el equilibro entre la cultura y la verdad

Entonces, ¿qué voz ha estado escuchando o se ha sentido tentado a escuchar? Tal vez una combinación de algunas de los anteriores. De ser así, los principios que siguen le ayudarán a comenzar a escuchar otra voz, una que lo lleve a la verdad vivificadora y la realización a la manera de Dios.

### Filtre el mundo a través de la Palabra

Romanos 12:2 nos aconseja: "No os conforméis a este siglo, sino transformaos por medio de la renovación de vuestro entendimiento, para que comprobéis cuál sea la buena voluntad de Dios, agradable y perfecta". Por otra parte, Proverbios 15:14 nos dice: "El corazón entendido busca la sabiduría; mas la boca de los necios se alimenta de necedades".

En el escenario de la verdad, se encuentran la *experiencia*, la *emoción*, la *razón*, la *tradición* y las *Escrituras*. Al frente del escenario, en el lugar principal, se ubica la Palabra de Dios. Lo que usted experimenta en la vida no necesariamente está mal, pero ha de verse a través de la verdad bíblica. No se trata de que sus emociones estén bien o mal, sino que lo que usted siente hacia la vida y su matrimonio debe pasar el filtro de la verdad de Dios.

Algunos pondrían las tradiciones de la iglesia en el mismo nivel que las Escrituras. Pero lo que los padres de la iglesia dicen sobre la verdad no está en el mismo nivel que la Biblia. Hacemos lo mismo con nuestras opiniones sobre la verdad; nos gusta elevar nuestras opiniones al mismo nivel que los absolutos. Las opiniones pueden estar en el mismo escenario que la verdad, siempre que pasen el filtro de las Escrituras. Y, finalmente, nuestra capacidad de razonar con la verdad es importante, pero no está al mismo nivel que las Escrituras.

## Reconozca lo que es real

No crea todo lo que oye. Sopese y examine con cuidado lo que le dicen. El Servicio Secreto no solo se ocupa de proteger a los políticos y al presidente, sino también de controlar nuestro abastecimiento de dinero para asegurarse de que no sea falso. ¿Sabe cómo les enseñan a detectar el dinero falso? Estudian y conocen cómo es un billete real. De esa manera, al entrar en contacto con dinero falso, reconocen que no es verdadero.

## Concéntrese en la agenda de Dios

¿Qué significa tomar el control de su vida? ¿Qué significa dejar de ser una víctima y de culpar a las circunstancias y a las personas por todos los problemas de su vida? ¿Qué significa darse cuenta de que Dios tiene un plan para usted? Conforme a su Palabra, no hace falta que viva estresado. Dios tiene un plan y un propósito para su vida. Basado en las Escrituras, puede renovar cada pensamiento que ha conformado una creencia falsa que lo perjudica. La Palabra de Dios puede cambiar su manera de pensar y renovar su mente para que adopte nuevas creencias.

Cuando estamos inmersos en la cultura, podemos alejarnos fácilmente de la verdad de la Palabra de Dios. La verdad que nos dice quiénes somos y adónde vamos se encuentra en las Escrituras. Y nos referimos a esto como la agenda de Dios, que simplemente toma los mensajes que escribieron en nuestro corazón los medios de comunicación, las películas, la música y la cultura, y los filtra a través de la Palabra de Dios. Identifica y corrige los mensajes del corazón.

Las Escrituras nos llaman a estar separados del mundo, no aislados de él. ¿Cómo lo logramos? Al vivir en medio de una cultura con la protección de Dios que pasa todo a través del filtro de su agenda.

Aunque sus expectativas hayan sido conformadas por el estilo de crianza que tuvo y la cultura de su época, también reciben la influencia de algo más: ¡su personalidad! En el próximo capítulo, veremos los cuatro tipos de personalidad y de qué manera comprender cuál es su personalidad y la de su pareja puede generar un matrimonio más saludable y expectativas para ambos que estén basadas en la realidad.

# PREGUNTAS Y RESPUESTAS

Esta pregunta la envió a nuestro sitio de la Internet una mujer desesperada por sus deudas y el deterioro de su matrimonio.

*P: En los más de quince años que llevamos de matrimonio, mi esposo y yo nunca estuvimos de acuerdo en lo que se refiere al dinero. Ambos estamos estresados por las deudas de nuestra tarjeta de crédito. Él cree que la deuda es un pecado, y hasta que salgamos de ella, Dios no nos bendecirá. Yo no creo que sea así. Hemos cometido errores con el dinero, pero no quiero que esta deuda destruya nuestro matrimonio. ¿Algún consejo?*

*R:* Aunque no conozco todos los detalles de su situación, puedo decirle que la mayoría de las parejas acumulan deudas considerables en tarjetas de crédito por gastar más de lo que ganan. Las altas expectativas de vida pueden causarle serios problemas a una pareja.

El principal consejo que les doy es que busquen puntos de acuerdo y resuelvan juntos el problema de la deuda. Ambos tienen firmes creencias respecto al dinero que motivan cada palabra que dicen y cada medida que toman. Esas creencias fueron conformadas por sus padres y la cultura que los rodea. Estudien juntos las Escrituras y ajusten sus creencias respecto al dinero conforme a los principios de Dios.

Lean estos pasajes de las Escrituras y, durante la semana que viene, intercambien diariamente opiniones acerca de un pasaje:

- *Eviten pedir prestado siempre que sea posible.* "El rico se enseñorea de los pobres, y el que toma prestado es siervo del que presta" (Pr. 22:7).

- *Asegúrense de no usar las tarjetas de crédito en vez de confiar en el tiempo de Dios.* "Guarda silencio ante Jehová, y espera en él. No te alteres con motivo del que prospera en su camino, por el hombre que hace maldades" (Sal. 37:7).

- *Eviten comprar a crédito cuando se trata de deseos y no de necesidades.* Estén contentos con lo que tienen. "No lo digo porque tenga escasez, pues he aprendido a contentarme, cualquiera que sea mi situación" (Fil. 4:11). "Pero gran ganancia es la piedad acompañada de contentamiento; porque nada hemos traído a este mundo, y sin duda nada podremos sacar. Así que, teniendo sustento y abrigo, estemos contentos con esto" (1 Ti. 6:6-8).

- *Paguen sus deudas a tiempo.* "El impío toma prestado, y no paga; mas el justo tiene misericordia, y da" (Sal. 37:21).

- *Si no pueden efectuar sus pagos, hagan un arreglo con las compañías proveedoras de tarjetas de crédito.* "Hijo mío, si salieres fiador por tu amigo, si has empeñado tu palabra a un extraño, te has enlazado con las palabras de tu boca, y has quedado preso en los dichos de tus labios. Haz esto ahora, hijo mío, y líbrate, ya que has caído en la mano de tu prójimo; ve, humíllate, y asegúrate de tu amigo" (Pr. 6:1-3).

Las deudas son estresantes. Sé la tensión que pueden ocasionar en una pareja. Usted y su esposo necesitan ser un equipo e idear juntos un plan. Pidan ayuda a servicios cristianos de consejería financiera y consolidación de deudas. Que Dios los bendiga mientras resuelven esto juntos.

CAPÍTULO 4

# EL ROL DE LA PERSONALIDAD

Norma y yo (Gary) somos opuestos en casi todo. Vemos la vida con lentes muy distintas. Nuestras personalidades suscitan expectativas matrimoniales tanto buenas como malas.

El año pasado, me invitaron a formar parte de uno de los ministerios más emocionantes que se haya creado para salvar matrimonios en todo el mundo. Importantes corporaciones y asociaciones caritativas se agruparon y lanzaron la *Marriage and Family Foundation* [Fundación para el matrimonio y la familia] en un esfuerzo por volver a promover el valor del matrimonio en los Estados Unidos. Este grupo nos pidió a Norma y a mí que formáramos parte del consejo de administración. Mi personalidad acepta instantáneamente nuevas oportunidades de "gran magnitud" como esta. Siempre estoy buscando la siguiente gran oportunidad. A mis empleados a menudo les sorprende que me resulte imposible ver las desventajas o los puntos negativos de una idea o un concepto nuevos. Soy un ser pensante con luz verde, y tengo conflictos en ocasiones con personas que me parecen demasiado precavidas.

Menos mal que Dios trajo a mi vida una mujer maravillosa que tiene una personalidad muy diferente a la mía. Norma no saltó de gozo con la invitación que recibimos.

—¿Qué se espera de un miembro del consejo de administración? —preguntó Norma.

—No sé, pero podemos averiguarlo —dije.

—Tenemos mucho que averiguar antes de aceptar este cargo. Tenemos que hablar con nuestro contador y nuestro abogado para ver cómo proceder con esto —dijo Norma.

Ella tenía una lista de preguntas adicionales que necesitaban una respuesta, y no aceptamos esta nueva oportunidad hasta no hacer las averiguaciones correspondientes. Nos llevó más de un mes tomar esta decisión. Aunque el proceso fue frustrante para mí, me ha recordado por qué Norma es tan valiosa para mi vida. A través de los años, con frecuencia vi las preguntas de Norma como obstáculos a lo que, según mi opinión, Dios quería hacer en nuestro ministerio. Norma consideraba que sus preguntas eran precauciones que me protegían de la cárcel o la bancarrota.

La manera en que ambos enfrentamos nuestras principales decisiones en la vida surge desde lo más profundo de nuestro ser, de nuestra personalidad.

Las diferencias de personalidad constituyen uno de mis temas favoritos y también de Ted. A través de los años, hemos visto que comprender nuestra propia personalidad y la de quienes nos rodean puede ayudarnos a mejorar nuestro matrimonio, nuestras relaciones y nuestra calidad de vida en todos los niveles. Por ello le ofreceremos un análisis detallado de los cuatro tipos de personalidad más comunes. Después le mostraremos cuatro maneras de conciliar cualquier expectativa negativa o las diferencias que usted llevó a su matrimonio. Creemos que este capítulo puede revitalizar su matrimonio, ¡y lo hará!

## Los opuestos se atraen

¿Se casó con alguien que es muy diferente a usted? ¡Lo más probable es que sí! Existe mucho de cierto en el antiguo dicho de que los opuestos se atraen. Dado que su personalidad es diferente a la de su cónyuge, probablemente aborda y responde ante las situaciones y las personas de manera distinta a él o ella. Por eso es tan importante comprender las personalidades; no solo la propia, sino también la de su cónyuge. Cuando comprende cómo ha sido diseñado cada uno, es menos probable que "se le crucen los cables", lo cual ocasiona ¡problemas dolorosos en su matrimonio!

Si en estos últimos tiempos ha estado experimentando conflictos o frustración en su matrimonio, es resultado directo de no comprender cómo Dios diseñó a su cónyuge. Por ello en este capítulo, estudiaremos cuatro tipos de personalidad fundamentales y veremos que comprender las diferencias de personalidad puede ayudarle a adaptar sus expectativas en todas sus relaciones.

## La personalidad meticulosa (también conocida como la personalidad del castor)

A la personalidad meticulosa le encanta analizar. Esta persona presta atención a las estadísticas. Le gustan los presupuestos y los arqueos de caja. Le agrada medir y comparar cosas. Para la personalidad meticulosa, la mayoría de las cuestiones son definitivamente blancas o negras. Siempre evalúa la información que recibe. Y con gusto le dirá en qué se ha equivocado y cómo puede mejorar.

El mundo es un lugar mejor debido a los que tienen una personalidad meticulosa. Se aseguran de que haya orden en la vida. Comprueban que las barandas de seguridad estén bien colocadas para que los demás no se lastimen. Se cercioran de que las organizaciones estén administradas con eficacia y eficiencia.

Mi esposa Norma tiene una personalidad meticulosa. Por naturaleza, espera que siempre hagamos las cosas de la manera correcta en el momento correcto. Me encanta que sea así, excepto cuando voy al cajero automático y me olvido del recibo. O cuando programa una cena con amigos, y yo decido reemplazar los frenos del automóvil a último momento, ¡y por mi culpa llegamos tarde! O cuando organiza cuidadosamente el guardarropa, y yo dejo la ropa tirada allá donde caiga.

Hace unos años, el organismo recaudador de impuestos nos hizo una auditoría por primera vez, y Norma estaba totalmente alborozada. ¿Sabe por qué? Estaba convencida de que después que finalizaran todo el escrutinio, le darían un premio. ¡Me encanta

| Personalidad meticulosa | |
|---|---|
| **Cualidades relacionales:** | Exactitud y precisión<br>Garantiza el control de calidad<br>Perspicaz<br>Analítico |
| **Cualidades desequilibradas:** | Demasiado crítico o estricto<br>Demasiado controlador<br>Demasiado negativo ante nuevas oportunidades<br>Pierde la perspectiva general |
| **Estilo de comunicación:** | Objetivo<br>Recíproco<br>Muy buena capacidad para escuchar<br>Debilidad: el deseo de detalles y precisión<br>    puede frustrar a los demás |
| **Necesidades relacionales:** | Calidad<br>Expectativas exigentes |
| **Equilibrio relacional:** | No siempre es posible lograr un apoyo total<br>Las explicaciones detalladas no lo son todo |

eso de ella! Las personas meticulosas tienden a amar el orden, la organización y la puntualidad.

Aunque a Norma no le gusta admitirlo, se siente llena de energía y emoción después de hacer una llamada de dos horas a *American Airlines* para organizar nuestro próximo viaje. ¡No podría tener un ministerio sin ella! Como yo soy el soñador, y Norma es quien concreta mis sueños, en verdad funcionamos como una máquina bien engrasada. Juntos podemos lograr mucho más de lo podríamos hacer por separado. Pero es importante agregar que arrancar la máquina con cada nuevo proyecto que tenemos juntos puede llevar algunas horas o días. Aceptamos y respetamos las diferencias del otro, pero sin duda alguna a veces el comienzo resulta demasiado lento para mi gusto. Ella es de las que espera que todo esté perfecto antes de seguir adelante. Y quien decide cuándo todo está perfecto es... Norma.

La personalidad meticulosa tiene muchas cualidades. Tienden

a ser personas minuciosas, precisas, analíticas y sensibles. Generalmente son excelentes con los números; tienen gran capacidad para lograr que su empresa, su organización, su iglesia y su familia se mantengan en regla.

## EXPECTATIVAS DE LA PERSONALIDAD METICULOSA

HAGAMOS TODO CORRECTAMENTE Y EN ORDEN

LLEGUEMOS A TIEMPO A CITAS Y
ACONTECIMIENTOS FAMILIARES

QUIERO TODOS LOS DETALLES DE LA CONVERSACIÓN

NO QUIERO MENTIRAS SOBRE LOS HECHOS

(*YO SIMPLEMENTE DIGO QUE OMITO ALGUNOS DETALLES PARA QUE LA HISTORIA SEA MÁS INTERESANTE*)

Hay ámbitos en los que puede sentir una falta de armonía con este tipo de personalidad. La persona meticulosa puede volverse perfeccionista o verse impulsado a hacer todo tan bien que nunca se atreva a tomar una decisión, lo cual produce una "parálisis por análisis".

*Cómo llevarse bien con alguien de personalidad meticulosa.* Reconozca que este tipo de persona solo quiere que usted respete todas sus preguntas. Quiere que usted las responda con el mayor detalle posible. Conceder detalles fomenta la intimidad cuando se está casado con una persona de personalidad meticulosa. Hacer el máximo esfuerzo para cumplir con un proyecto de la manera "correcta" le transmite a su pareja: "Eres importante para mí".

*Cómo llevarse bien si usted tiene una personalidad meticulosa.* Recuerde que podría tener que seguir adelante, aunque para usted, no esté todo a la perfección. Tal vez tenga que cumplir con un proyecto o realizar una tarea doméstica, aunque no sea de manera excelente. Aunque le cueste, tiene que arriesgarse o emprender una aventura. No pretenda que su cónyuge le comente todos los detalles del día. De todas formas, su pareja no le está mintiendo si no le cuenta algunos detalles. Haga el esfuerzo de no tomarse a sí mismo o la vida misma demasiado en serio.

## La personalidad complaciente (también conocida como la personalidad del perro labrador)

Las personas de personalidad complacientes son cálidas, sociables y tienden a ser sumamente leales. Este tipo de personalidad mantiene el sentido de la calma en situaciones de estrés y tiene facilidad para ser alguien naturalmente conciliador. Se preocupan a menudo por la dinámica del grupo y la atmósfera del lugar. Más que nada, quieren asegurarse de que todo y todos estén bien.

Los individuos de personalidad complaciente hacen del mundo un lugar mejor. Tienden a ser el eslabón que une a las personas y las organizaciones. Son buenos para dar la bienvenida, atender y recibir bien a los demás. Sin personalidades complacientes, sería difícil desarrollar una comunidad fuerte.

Mi esposa Amy tiene muchas características de la personalidad complaciente. Es una servidora natural y ama a las personas. Es afectuosa, sociable y admirablemente leal. Sé que puedo contar con ella en todo momento. Además, tiene sumo cuidado en asegurarse de que todos se sientan parte de cualquier cosa que estemos haciendo.

Los días de fiesta y la familia son sinónimos en el hogar de los Cunningham. Año tras año, Amy se pone a la altura de los acontecimientos y nos sorprende con su capacidad de lograr que cada persona se sienta sumamente especial. Mi esposa sabe cómo organizar fiestas fabulosas. Me gusta mucho mirar a las estrellas Rachel Ray y Paula Deen de *The Food Network* [un canal sobre cocina], pero creo que mi esposa las supera ampliamente en lo que se refiere a la hospitalidad. Ya sea que tengamos dos o veinte invitados a una fiesta, mi esposa siempre termina la noche haciéndome esta simple pregunta: "¿Crees que todos la pasaron bien?". Ella quiere asegurarse de que se haya establecido un vínculo y que todos se hayan sentido especiales.

El lema de la vida de Amy es: "¡Hagámoslo juntos!". Cuando se trata de una tarea, la personalidad meticulosa se asegurará de que el trabajo se realice correctamente y a tiempo. La personalidad complaciente no se concentrará tanto en el aspecto de la tarea, sino más bien en las relaciones y en cerciorarse que todos se sientan parte. La personalidad complaciente quiere que todos se sientan parte del equipo.

## EXPECTATIVAS DE LA PERSONALIDAD COMPLACIENTE

### HAGAMOS TODO JUNTOS
### ATENDAMOS LAS NECESIDADES DEL OTRO
### TENGAMOS MUCHO DIÁLOGO
### MANTENGAMOS LA ARMONÍA

Uno de los conflictos que enfrentan los de personalidad complaciente es que, sin darse cuenta, pueden exponer sus sentimientos. Debido a lo mucho que les importan las relaciones, pueden implicarse demasiado emocionalmente. Por lo general, necesitan tiempo para ir a casa y reflexionar un poco para después volver y preguntar: "¿Exactamente qué quisiste decir con eso?". La personalidad complaciente se preocupa tanto por los demás que tiende a cuestionar sus respuestas y las de otros.

Mi esposa se siente agotada el domingo a la mañana; ¿sabe por qué? A la personalidad complaciente le agrada tener pocas relaciones, pero bien íntimas. No soporta tener cien conversaciones de treinta segundos cada domingo a la mañana. Prefiere mantener conversaciones más profundas y le inquieta no poder hacerlo con todos.

*Cómo llevarse bien con alguien de personalidad complaciente.* Tenga cuidado de no herir sus sentimientos. Otras personas pueden

| Personalidad complaciente | |
|---|---|
| **Cualidades relacionales:** | Cálido y sociable<br>Leal<br>Disfruta de la rutina<br>Conciliador<br>Sensible para con los sentimientos de los demás<br>Atrae a los que se sienten heridos |
| **Cualidades desequilibradas:** | Pierde oportunidades<br>Cae en la rutina<br>Sacrifica sus propios sentimientos en pro de la armonía<br>Es herido fácilmente y guarda rencor<br>Es indirecto |
| **Estilo de comunicación:** | Recíproco<br>Gran capacidad para escuchar<br>Debilidad: usar demasiadas palabras o dar demasiados detalles |
| **Necesidades relacionales:** | Seguridad emocional<br>Entorno agradable<br>Aprender a decir no, establecer límites emocionales |
| **Equilibrio relacional:** | Aprender a confrontar cuando hieren sus sentimientos |

aprovecharse de ellos con facilidad, de modo que procure valorar su lealtad. Si su cónyuge no acepta a todos sus amigos, no es porque crea que son malas personas. Prefiere tener relaciones profundas con menos personas en lugar de tener relaciones superficiales con muchas personas. No espere que participe socialmente de grandes fiestas. Invite a su cónyuge complaciente a acompañarlo a cenas con compañeros de trabajo en vez de ir siempre a reuniones muy concurridas.

*Cómo llevarse bien si usted tiene una personalidad complaciente.* Debe tener cuidado de exponer sus sentimientos. Los demás, incluso su pareja, pueden aprovecharse de ello. Suelte sus heridas del pasado. Deje de culpar a su cónyuge por errores cometidos. Aprenda a tomar decisiones en medio de la incertidumbre de no saber qué es lo mejor para todos. Extiéndase y conozca nuevas personas.

## La personalidad festiva (también conocida como la personalidad de la nutria)

¡Ah, la mejor personalidad! Era solo una broma. Yo (Gary) tengo esta personalidad. La personalidad festiva se centra en la diversión. Vamos a pasarla bien. La personalidad festiva le levantará el ánimo. Si cree que algo no es una idea muy buena, tan solo llame a una personalidad festiva, y esta le dirá: "¡Eso es lo más genial que he oído en mi vida!".

Los individuos de personalidad festiva se caracterizan por ser muy activos. Están listos para practicar un nuevo deporte, saltar de un avión o llegar a un concierto... en el último momento. En el camino, procurarán que haya muchas risas y que todos puedan oír algunas de sus mejores historias.

Los que tienen personalidad festiva suelen ser soñadores. Siempre se están imaginando qué podrían ser y lo divertido que podría ser. Suelen tener ideas grandiosas, y les encanta ser espontáneos.

Lamentablemente, aunque es divertido estar cerca de individuos de personalidad festiva, también tienen sus puntos débiles, como cuando se trata de trabajar para organizar una fiesta. Aunque pueda gustarles mucho ser el centro de atención, ¡eso no quiere decir que deban ser los que organicen la fiesta! Su capacidad de organización deja mucho que desear. Toda su vehemencia puede llegar a transformarlos en una presencia arrogante. Si bien tienen mucho que decir a la hora de tomar una decisión, puede que estén demasiado ocupados en divertirse cuando es tiempo de colaborar para llevar a cabo dicha decisión.

Los individuos de personalidad meticulosa quieren hacer bien las cosas. Los de personalidad complaciente quieren hacer las

| | PERSONALIDAD FESTIVA |
|---|---|
| **Cualidades relacionales:** | Optimista<br>Pujante<br>Motivador<br>Visionario |
| **Cualidades desequilibradas:** | Poco realista o soñador<br>Impaciente o arrogante<br>Manipulador o prepotente<br>Evita los detalles o no presta atención |
| **Estilo de comunicación:** | Puede inspirar a los demás<br>Optimista o entusiasta<br>Unidireccional<br>Debilidad: con su gran dinamismo puede manipular a los demás |
| **Necesidades relacionales:** | Aprobación<br>Oportunidad para expresarse<br>Notoriedad<br>Reconocimiento social<br>Estar atento a las necesidades de su pareja |
| **Equilibrio relacional:** | Hay un exceso de optimismo |

cosas junto con su pareja. Los de personalidad festiva quieren cerciorarse de que todos se diviertan.

## EXPECTATIVAS DE LA PERSONALIDAD FESTIVA

DIVIRTÁMONOS EN TODO LO QUE HAGAMOS

NO SEAMOS DEMASIADO SERIOS

DEBEMOS APRENDER A REÍRNOS DE NOSOTROS MISMOS

*Cómo llevarse bien con alguien de personalidad festiva.* A todos nos viene bien relajarnos un poco. El de personalidad festiva nos impulsa a hacer justamente eso. Evite menospreciar a este tipo de personalidad con frases constantes como: "¡Vamos, hablemos en serio!" o "¿Por qué nunca te tomas las cosas en serio?". Si su cónyuge tiene una personalidad festiva, celebre su motivación y sus talentos de visionario. Estos son algunos factores poderosos de un hogar excelente. No reprima la creatividad de una personalidad festiva. Trate de darle lugar para estudiar ideas y proyectos nuevos.

*Cómo llevarse bien si usted tiene una personalidad festiva.* Aprenda a seguir adelante con sus ideas, especialmente con sus obligaciones. Si compra herramientas para hacer una modificación en su casa, hágala. Si no cumple con sus obligaciones, enfurecerá al de personalidad meticulosa y frustrará al de personalidad fuerte. Recuerde: el simple hecho de que un proyecto deje de ser divertido no significa que no haya que terminarlo.

# La personalidad fuerte (también conocida como la personalidad del león)

A los individuos de personalidad fuerte les encanta tomar decisiones. Se sienten naturalmente inclinados a las tareas y se centran en que se hagan las cosas. Esta es mi personalidad (Ted). Los de personalidad fuerte se sienten naturalmente atraídos hacia las oportunidades de liderazgo. Son aptos para tomar las riendas de un proyecto o una actividad. No le temen a la competencia ni a la confrontación.

Los de personalidad fuerte suelen pensar en las relaciones como si dijeran: *Yo soy tu entrenador, no tu amigo.* Suelen tener expectativas elevadas de sí mismos y de los demás. No le temen a decir lo que piensan y están dispuestos a hacer lo necesario para garantizar que el trabajo se haga.

Si no se les ponen límites, los de personalidad fuerte tienen la tendencia natural a pensar: *Se hace a mi manera, o te largas.* Como consecuencia de ello, pueden arruinar las relaciones en una comunidad o entorno de trabajo. Si un individuo de personalidad fuerte se desubica, puede usar su fervorosa aptitud de liderazgo

| PERSONALIDAD FUERTE | |
|---|---|
| **Cualidades relacionales:** | Tiene el control<br>Resuelve los problemas<br>Competitivo<br>Disfruta de los cambios |
| **Cualidades desequilibradas:** | Tiende a la confrontación<br>Demasiado directo o impaciente<br>Demasiado ocupado<br>Despiadado<br>Impulsivo, tiende a correr grandes riesgos<br>Insensible hacia los demás |
| **Estilo de comunicación:** | Directo o franco<br>Unidireccional<br>Debilidad: no siempre le gusta escuchar |
| **Necesidades relacionales:** | Atención y reconocimiento personal por lo que hace<br>Ámbitos en donde pueda tener el control<br>Oportunidad para resolver los problemas<br>Libertad para el cambio<br>Actividades estimulantes |
| **Equilibrio relacional:** | Ser un poco más delicado<br>Escuchar más a los demás |

para dominar o intimidar a los demás. De este modo, puede llegar a causar mucho daño a las relaciones.

Los individuos de personalidad meticulosa se sienten muy cómodos en las extensas reuniones de las juntas directivas. Están contentos cuando su agenda está llena de citas breves y puntuales. A los de personalidad complaciente, les gustan los grupos más pequeños; tienden a ser más introvertidos. Los de personalidad festiva están convencidos de que cuantos más son, ¡mejor! Los de personalidad fuerte son los únicos que no se llevan bien con alguien de su misma personalidad. Se suele decir en broma que si ponemos a dos individuos de personalidad fuerte en una jaula, solo uno saldrá vivo.

## EXPECTATIVAS DE LA PERSONALIDAD FUERTE

HAGÁMOSLO

HAGÁMOSLO A MI MANERA

QUIERO DETALLES SUFICIENTES DE LA CONVERSACIÓN

*Cómo llevarse bien con alguien de personalidad fuerte.* Si usted tiene una personalidad fuerte, debe dar lugar a que los demás trabajen juntos eficientemente. Si usted está casado con otro de personalidad fuerte, entonces les recomendamos encarecidamente que busquen consejería; son una bomba de tiempo. Una sabia consejería les rendirá fruto por muchos años, pues aprenderán a convivir con paciencia, llegarán a ser buenos para escuchar y aprenderán a ser flexibles en su dogmatismo. Si hacen esto, ¡juntos realmente pueden cambiar el mundo! Este tipo de personalidad aprecia mucho la lealtad. Cualquier cosa que pueda decir o hacer que exprese "Estoy de tu lado" o "Soy de tu equipo" desarrolla su confianza. Cuando le formule preguntas a alguien de personalidad fuerte, hágalo desde una perspectiva que le transmita "Quiero comprender" y no "Quiero tener el control".

*Cómo llevarse bien si usted tiene una personalidad fuerte.* Añada equilibrio a su personalidad al ser un poco más delicado. Estudie la manera de escuchar más al otro. Sepa que no todo lo que la otra persona dice requiere una respuesta. Modere sus palabras con amor y su tono de voz con amabilidad. Busque la ocasión de tener en cuenta los sentimientos de los demás.

## El rol de la personalidad en el matrimonio

La personalidad puede ser (o no) un gran problema en el matrimonio. Para Norma y para mí, la personalidad sí entra en escena, especialmente en nuestro ministerio. Algunos de nuestros conflictos más importantes han tenido lugar en nuestra corporación, el Centro de Relaciones Smalley (SRC). Yo soy el vocero de SRC, pero Norma es quien se encarga de los detalles administrativos del ministerio.

Cada vez que tenemos una reunión con el equipo ministerial, siempre existe un gran potencial de que sea un desastre. Esta es la razón: ante el primer indicio de que algo no es bien recibido, quiero desechar el proyecto y comenzar a soñar con una nueva idea perfeccionada. Esto es lo que hacen las personalidades festivas. Piensan que si algo no funciona, pueden solucionarlo al intentar otra cosa. Después de todo, ¡el nuevo proyecto será más emocionante y divertido!

Mientras tanto, Norma entra en la reunión con una perspectiva totalmente distinta. Con su personalidad meticulosa, naturalmente está provista de planillas de cálculo, calendarios y actas de la última reunión. Ella me recuerda los proyectos con los que nos comprometimos en la reunión anterior y me pide que sigamos en ese rumbo. Después de todo, los libros no pueden publicarse en una semana, y las actividades ministeriales requieren una planificación de más de uno o dos días.

¿Ve las expectativas insatisfechas y los posibles conflictos que pueden surgir entre alguien de personalidad festiva y otro de personalidad meticulosa? Por esa razón, es muy importante que Norma y yo hagamos un esfuerzo consciente en nuestra relación y busquemos la manera de resolver nuestras diferencias y llegar a un acuerdo. Por supuesto que, con mi personalidad, eso naturalmente me encanta. ¡Me parece una fiesta!

La personalidad no es un verdadero problema en mi matrimonio con Amy. Eso no quiere decir que no tengamos muchos otros aspectos en los cuales trabajar, como la brecha generacional y otras cuestiones relacionadas; pero naturalmente nos llevamos bien. ¿Quiere saber cuál es nuestro secreto? La personalidad fuerte y la personalidad complaciente son la combinación menos conflictiva de todas las personalidades.

Por naturaleza, los de personalidad complaciente son incondicionalmente leales a los de personalidad fuerte. Y los de personalidad fuerte desean la lealtad de las personas con quienes se relacionan; por ello es una combinación maravillosa.

Cuando Amy y yo queremos salir a comer, le pregunto a dónde quiere ir. Solo muy de vez en cuando tiene una opinión firme. Ella se contenta con cualquier cosa. En el único momento en que realmente se muestra en desacuerdo es cuando nos dirigimos al mismo restaurante por doceava vez consecutiva. Ella me recuerda que estamos cayendo en la rutina, ¡y yo necesito que me lo recuerde!

Es necesario mencionar algunas cosas sobre las personalidades. En primer lugar, la mayoría de las personas tienden a ser una combinación de dos o más tipos de personalidad. Pueden tener una característica predominante, que a menudo se combina con otra secundaria. En segundo lugar, sea cual sea la combinación de personalidades que tengan en su matrimonio, pueden aprender las técnicas que necesitan para disfrutar de un matrimonio feliz, fructífero y satisfactorio.

## Cómo resolver el problema de las diferencias en expectativas

Entonces, ¿cómo aprender a mejorar la relación con su cónyuge y resolver las expectativas relacionadas con la personalidad? Aquí le mostramos cuatro pasos importantes y prácticos que puede dar:

### 1. Acepte la diferencia de personalidad

Tome conciencia de que es verdaderamente diferente a su cónyuge... ¡y eso es bueno! Dedique unos momentos a leer las palabras del Salmo 139:13-16 respecto de usted mismo:

> *"Porque tú formaste mis entrañas; tú me hiciste en el vientre de mi madre. Te alabaré; porque formidables, maravillosas son tus obras; estoy maravillado, y mi alma lo sabe muy bien. No fue encubierto de ti mi cuerpo, bien que en oculto fui formado, Y entretejido en lo*

*más profundo de la tierra. Mi embrión vieron tus ojos, y en tu libro estaban escritas todas aquellas cosas que fueron luego formadas, sin faltar una de ellas".*

Ahora lea el pasaje por segunda vez y piense en su cónyuge. El Salmo 139 no solo se refiere a usted; sino a su pareja, sus hijos, sus padres, su familia política, sus compañeros de trabajo y todas las personas que usted conoce. Cuando usted honra y valora a una persona como una creación única y de gran valor, no puede sino transformar la relación.

Honrar a alguien es simplemente verlo tal como Dios personalmente lo autografía. Romanos 15:7 dice: "Por tanto, recibíos los unos a los otros, como también Cristo nos recibió, para gloria de Dios". En otras palabras, ¡a Dios le agrada cuando honramos a los demás!

Eso quiere decir que, de acuerdo con su personalidad, cuando se relaciona con otra persona o grupo, no siempre tiene que hacerse todo como usted quiere. Cuando se relaciona con otros, no siempre tiene que ser divertido. Cuando se relaciona con otros, podría tener que tomar una decisión y seguir adelante, aunque no conozca hasta el último detalle. Y cuando se relaciona con otros, podría tener que concretar un proyecto antes que sea tarde y cada uno haya desarrollado una relación profunda y significativa con el otro.

## 2. Evite juzgar o criticar las diferencias de personalidad

Es fácil observar una personalidad distinta a la nuestra y encontrarle defectos.

Yo (Gary) a menudo tiendo a tener una visión muy estrecha. Me siento tentado a pensar: *Dios, me diste una personalidad maravillosa. ¿A quién no le gusta divertirse? ¿A quién no le gusta reírse? Si todos fueran más alegres como yo, nos llevaríamos mucho mejor.*

Esa clase de mentalidad es egocéntrica y arrogante. Me coloca en la posición de ver lo que les falta a los demás en lugar de ver lo que tienen. Esa es la razón por la que Romanos 14:13 nos propone un reto: "Así que, ya no nos juzguemos más los unos a los otros...". ¡En lugar de buscar lo que está mal en los demás, debemos buscar lo que está bien!

En un matrimonio, esto significa cerciorarnos de no concluir una conversación prematuramente por tener ideas preconcebidas. Esto significa no cerrarnos a nuestro cónyuge y distanciarnos sin buscar cabalmente una solución. Y esto significa tomarnos el tiempo para escuchar y comprender lo que el otro expresa con sus palabras, acciones, tono de voz y actitud.

En el próximo conflicto, puede que se sienta tentado a atacar a su cónyuge por una debilidad o tendencia particular de su personalidad. En lugar de ello, concentre su energía en ver las cualidades de su cónyuge. Recuérdele sutilmente que están en el mismo equipo, que usted está comprometido con el matrimonio y que lo ama o la ama ¡tal como es!

### 3. Deje un margen para los malentendidos, los intentos y los errores

Los malentendidos se dan hasta en los mejores matrimonios. Hay momentos en los que la comunicación falla, y llega la frustración. La tensión ocasionada puede agravarse por las diferencias de personalidad. Pero si se detienen a pensar un poco en la situación y aprenden a escucharse y amarse, con el tiempo llegarán a unirse más.

Aprender a celebrar las diferencias de personalidad lleva tiempo. No sucede de la noche a la mañana. Y para llegar a unirse más, deberán hacer intentos y cometerán errores. Tal vez crea que está haciendo algo que le encanta a su pareja... ¡y en realidad la está volviendo loca! Con el paso de los años, recordarán esos momentos, y les causará risa (aunque probablemente no sea divertido ahora).

### 4. Busque el equilibrio

Efesios 4:2 nos exhorta a vivir "con toda humildad y mansedumbre, soportándoos con paciencia los unos a los otros en amor".

Cuando usted lleva a la práctica este versículo en el matrimonio, la relación no puede sino fortalecerse. Al mismo tiempo, encontrará que la brecha entre sus personalidades se reduce a medida que aprenden a amarse más profundamente.

Yo (Ted) quiero trabajar cada día por encontrar el equilibrio en mi personalidad. No quiero ser un desequilibrado. No quiero que me conozcan como alguien prepotente, insoportable y exigente. No quiero ser alguien que no sepa escuchar. No quiero una personalidad que me haga pasar por arrogante o engreído. ¿Quién quiere esa etiqueta? ¡Nadie! Por ello necesitamos aprender a ser equilibrados: crecer en humildad, amabilidad, paciencia y amor. De hecho, cuando alimentamos el fruto del Espíritu en nuestra vida, no podemos sino ser más equilibrados y amables con los demás.

Después de ver los tres aspectos del descubrimiento respecto a las expectativas, que incluyen el estilo de crianza, las influencias culturales y el rol de la personalidad, veremos un aspecto más que necesitamos considerar: *las cargas emocionales del pasado*. En el próximo capítulo, le ayudaremos a analizar sus experiencias con relaciones del pasado. Además de reflexionar en ello, queremos brindar ayuda práctica a las familias fusionadas [una familia compuesta por una pareja con hijos de matrimonios previos]. Por ello incluimos seis consejos que denominamos: "Cómo obtener lo mejor de una fusión". Ya sea que esté en su primer matrimonio o un matrimonio posterior, este es un capítulo que no se puede perder.

## PREGUNTAS Y RESPUESTAS

Esta pregunta la envió a nuestro sitio de la Internet un hombre agobiado por sentir que su esposa siempre lo está corrigiendo o criticando.

*P:* *Mi esposa intenta ser mi mamá. Siempre le encuentra el defecto a todo lo que hago. ¿Cómo logro que deje de hacerlo?*

*R:* Todos tenemos personalidades diferentes y todos podemos, sin saberlo, llevar nuestras características innatas a un extremo negativo que puede causar estragos en un matrimonio.

Solía enojarme mucho cuando mi esposa me criticaba por mi forma de conducir. Le dije una y otra vez que dejara de hacerlo, pero fue en vano. Pensaba que ella lo hacía para arruinarme el día. Llegué al extremo de resentirme y dejarle de hablar cada vez que salíamos y debía conducir el automóvil a algún lugar. Pero ahora comprendo la razón. Ella estuvo a punto de morir en un grave accidente automovilístico durante la secundaria, en el que perdió a dos de sus mejores amigas. Cuando cree que me estoy acercando demasiado al arcén, simplemente revive aquella noche terrible.

Entender este hecho me hizo cambiar de mentalidad. Me di cuenta de que ella no es la que me hace infeliz cuando se disgusta por mi manera de conducir; yo mismo me hago infeliz con mi reacción orgullosa ante sus críticas. Decidí comprender el trauma persistente de su experiencia y mostrar compasión e interés por ella. Admito que a veces sus críticas me molestan un poco; pero ahora uso esta irritación de poca importancia como estímulo para el crecimiento. Además le he comenzado a agradecer porque Dios usa sus comentarios para aumentar mi paciencia, y de esta manera se profundiza la madurez de mi relación con Él.

Usted tiene la libertad y la responsabilidad de cambiar su manera de ser, pero no tiene ni la libertad ni la responsabilidad de hacer que otra persona cambie, ni siquiera su esposa. Si no comprende este principio e intenta hacerse responsable de que su esposa cambie, inevitablemente fracasará. Y ese fracaso puede producir enojo, desesperación, desesperanza o incluso culpa. Cuando sienta el impulso de culpar a otro, recuerde las sabias palabras del rey Salomón: "El que ahorra sus palabras tiene sabiduría; de espíritu prudente es el hombre entendido" (Pr. 17:27).

Tal vez lo peor de intentar que su pareja cambie es que esos intentos crean un lugar poco seguro para que su matrimonio prospere. Y con el tiempo, su cónyuge levantará muros para defenderse de sus presiones continuas a que cambie. Intentar que su pareja cambie solo puede empeorar su matrimonio y aumentar las probabilidades del fracaso.

¿Existen aspectos del pasado de su esposa, como un ejemplo en su familia de origen o tal vez una cualidad de su personalidad que está un poco desequilibrada en este momento y necesita cierta atención afectiva por su parte? Piense en las necesidades principales de ella, como hacer cosas con usted como equipo o verlo como una persona que cumple con los proyectos que emprende. Cuando se da cuenta de sus necesidades emocionales básicas, puede comenzar a reaccionar de otra manera a su comportamiento no deseado, lo cual a su vez podría redundar en un comportamiento diferente de parte de ella.

En última instancia, usted sólo tiene la libertad y la responsabilidad de cambiar su propia manera de ser y reaccionar.

# CAPÍTULO 5

# RELACIONES PASADAS

Después de cinco matrimonios, seguía sintiéndose vacía e insatisfecha. Se encontraba decepcionada con su hombre número seis, pero no decía nada. Estaba convencida de que las cosas no podían mejorar, y no iban a mejorar. *¿Para qué casarse?* —pensó—. *Podemos vivir juntos y ya veremos cómo nos va.*

¡Oh, cómo amaba Jesús a esa mujer! ¿Qué le dijo el Hijo de Dios a una mujer que había estado casada cinco veces y ahora estaba conviviendo con su marido número seis?

> *Respondió Jesús y le dijo: Cualquiera que bebiere de esta agua, volverá a tener sed; mas el que bebiere del agua que yo le daré, no tendrá sed jamás; sino que el agua que yo le daré será en él una fuente de agua que salte para vida eterna. La mujer le dijo: Señor, dame esa agua, para que no tenga yo sed, ni venga aquí a sacarla. Jesús le dijo: Ve, llama a tu marido, y ven acá. Respondió la mujer y dijo: No tengo marido. Jesús le dijo: Bien has dicho: No tengo marido; porque cinco maridos has tenido, y el que ahora tienes no es tu marido; esto has dicho con verdad (Jn. 4:13-18).*

Mientras leía este relato, Donato se identificó con el pasaje de una manera que lo tomó por sorpresa. Había estado casado cuatro veces y en ese momento convivía con una mujer. Después de decir "Acepto" tantas veces y solo experimentar la decepción, las expectativas de Donato para con el matrimonio estaban por el piso.

Cuando conocí a Donato, estaba pensando en casarse con la mujer con quien convivía. Este hombre, de unos cincuenta y cinco años, había tenido cuatro hijos con dos esposas distintas.

Ninguno de sus hijos quería saber nada de él. Aunque siempre había cumplido con la cuota alimentaria y el sostenimiento de ellos, no tenía una buena relación con ninguno, tampoco con sus ex esposas. Al escuchar su historia, mi reacción instintiva fue indicarle que permaneciera célibe por el resto de su vida. Me preguntaba en silencio cómo alguien que había atravesado tantas cosas podía cambiar. Pero entonces recordé el poder de Dios y de Cristo para transformar a alguien por completo.

Tuve el privilegio de ver a Dios obrar en la vida de Donato. Se convirtió a Cristo en nuestra iglesia y, después de entregarle su vida, se dedicó a servir a Dios con todo su ser. Puesto que sabía cuánto deseaba buscar a Dios, le brindé consejería en un proceso que algunos podrían considerar poco práctico, descortés y sexualmente imposible. Nunca olvidaré el día que desayunamos juntos en un restaurante.

—Ted, ¡es imposible que yo pueda vivir sin sexo! —dijo Donato—. Y las Escrituras mismas dicen que si te estás quemando por la lujuria, el matrimonio es la única vía de escape.

—Donato, lo que dices es verdad, pero no estás diciendo toda la verdad —respondí—. El matrimonio es mucho más que una vía de escape para el sexo. También se trata de cuidar a tu cónyuge durante toda la vida. Sé que eres un creyente nuevo, y Dios ha cubierto los pecados de tus matrimonios anteriores, pero para serte franco, no estás listo para casarte con la esposa número cinco. Necesitas comenzar el proceso de seguir a Cristo solo. Quiero alentarte a que comiences a crecer en Cristo sin el impedimento que representa una persona no creyente. ¿Cuánto tiempo ha pasado desde tu último divorcio? —insistí.

—Fue el año pasado —respondió Donato, con una mirada reticente que revelaba su fracaso.

—Donato, te digo esto porque te amo y quiero lo mejor para ti. No estás listo para volver a casarte. Todavía tienes mucho que sanar. Y parte de ese proceso de sanidad tiene que ver con tus expectativas. En este momento, eres nuevo en Cristo, ni siquiera tienes la expectativa de que tu novia se convierta a Cristo. Y es una expectativa muy importante que debes tener.

Donato se quedó en silencio. Supe que comenzábamos a pelar las distintas capas de una cebolla que revelaría sus bajas expectativas.

—¿Por qué querría casarse conmigo una mujer cristiana? —preguntó Donato.

—No se trata de si una mujer cristiana querría o no casarse contigo, sino más bien de qué clase de hombre cristiano llegarás a ser tú. Tengo grandes esperanzas de que mi hija Corynn se case con un buen hombre de Dios. Lo que le enseño es que ella no necesita estar a la caza de un hombre piadoso para casarse, sino más bien necesita trabajar en convertirse en una mujer piadosa. Después de todo, atraemos a personas que se parecen a lo que somos. Donato, tienes una imagen muy pobre de quién eres en Cristo. Necesitas trabajar en quién eres y en quién puedes llegar a ser en Cristo. Y si el matrimonio entra en escena en ese proceso, que así sea.

Mi amigo Donato necesitaba un período de tiempo en el cual su prioridad fuera la relación con el Señor. Jesús no le ofreció a la mujer del pozo consejería matrimonial; se ofreció a sí mismo, el agua viva. En ese tiempo, los rabinos permitían que una persona se divorciara dos o tres veces. Más de eso era excesivo. Jesús no se refirió a nada de eso. Fue directo a la verdadera necesidad. Él era la única solución para aquella mujer.

Luego le dije a mi amigo Donato:

—No estás en condiciones de entregarle tu corazón a otra mujer. Sé que los jóvenes se casan por primera vez sin ninguna experiencia matrimonial y que, de alguna manera, se las ingenian y aprenden sobre la marcha. Pero tampoco tienen la carga emocional de matrimonios anteriores. Antes de buscar otra relación, necesitas tomarte el tiempo para sanar las heridas de tus relaciones pasadas.

Me emociona informar que, en no más de una semana, Donato dejó de vivir en concubinato. Se abocó a su trabajo, la iglesia y el servicio a los demás. Antes que Donato tomara la decisión de buscar y seguir a Cristo, creía firmemente que lo único que necesitaba para ser feliz era una esposa o una pareja con quien convivir. No podía imaginarse célibe; y sin sexo, nunca sería feliz. Una vez que comenzó a creer que únicamente Cristo podía no solo hacerlo feliz sino también completo y lleno de amor hacia los demás y hacia sí mismo, comenzó su nuevo proceso en el que descubrió que Cristo era todo en su vida. Muy poco después, se unió al grupo *Celebrate Recovery* [Celebre la recuperación] de nuestra iglesia, y en este momento hay creyentes que en amor lo ayudan en su proceso. No descarto la posibilidad de que Donato vuelva a casarse. Pero, por ahora, ama al Señor y su nueva vida.

Después de ver que los estilos de crianza, las influencias culturales y la personalidad afectan a las expectativas que usted lleva al matrimonio, es hora de analizar el último factor: sus relaciones anteriores. Le ayudaremos a analizar sus años de noviazgo y sus relaciones anteriores para ver cómo el pasado afectó a su manera de ver y responder a su matrimonio actual. Si tiene una familia fusionada, descubrirá seis consejos para obtener "lo mejor de una fusión".

¡Quizás descubra que sus relaciones pasadas le afectan más de lo que usted cree!

## Cómo ser libre de la carga emocional de sus años de noviazgo

Dos frases oídas en un popular club de solteros:

"Antes buscaba al hombre de mis sueños. Ahora busco un hombre bueno".

"Oh no, la verdad es que no es mi hombre ideal, pero es el hombre del momento".

Puede que aún sienta la carga emocional de sus relaciones de noviazgo del pasado. Para algunas personas, el noviazgo ha sido una condición excelente, llena de experiencias maravillosas. Puede que haya aprovechado su etapa de noviazgo como una oportunidad para desarrollar sólidas habilidades sociales con el sexo opuesto. Sus relaciones fueron fundamentalmente seguras, platónicas y divertidas.

Para otros, las relaciones de noviazgo del pasado no han sido tan agradables. Tal vez vivió en un lugar en el que las probabilidades eran buenas, pero lo "bueno" era difícil de encontrar. O tal vez salía con alguien presionado por sus padres o sus amistades. Quizá miró el calendario y se puso de novio porque sentía que el tiempo lo apremiaba. El noviazgo puede ser difícil para cualquiera. Puede que hayan herido su corazón, y sus ideas de lo que significa una buena relación se desdibujaron. Tal vez sus relaciones de noviazgo fueron negativas, con una intimidad indebida o un final muy penoso.

Yo (Ted) soy un acérrimo defensor de las citas amorosas. Aunque aprecio a Joshua Harris y la perspectiva que plantea en el libro *Le dije adiós a las citas amorosas*, me vienen a la mente ejemplos de muchas parejas bien avenidas y positivas que tuvieron una buena etapa de noviazgo sin sucumbir ante las presiones sexuales de la sociedad. Una relación de noviazgo correcta es algo positivo y prepara a las jóvenes parejas para el compromiso y el matrimonio. Yo estoy a favor de la relación de noviazgo "sin presión". Es decir, salir por diversión sin sentirse obligado a tener un "encuentro romántico" al final de la velada.

Pero no todas las relaciones de noviazgo son positivas. Puede que usted esté acarreando la carga emocional de noviazgos enfermizos, abusivos e incluso peligrosos. Si sus relaciones de noviazgo no tuvieron límites, o la persona con la que pensó que pasaría el resto de su vida se aprovechó de usted, necesitará tomarse tiempo para ser libre de esa carga emocional y analizar las expectativas que creó para su matrimonio.

Se han escrito innumerables canciones de amores de juventud, que más tarde en la vida terminaron por decepcionarlos. Un cantante de música *country* expresó lo que sentía en el coro de *"How do you like me now?"* [¿Qué piensas de mí ahora?]. El cantante es un hombre rechazado por una muchacha de la escuela secundaria, quien ahora lo ve convertido en una superestrella.

Para Érica no se trataba solo de la letra de una canción de música *country*; era la historia de su vida. Roberto era el número uno de la escuela. Tenía la atención de las muchachas, los profesores y los reclutadores de las universidades. Él estaba sobre la cresta de la ola, y Érica estaba con él. Lo amaba y hablaba de Roberto como su "alma gemela". Ese es uno de los motivos por el que finalmente cedió a sus reiteradas insinuaciones sexuales.

Aunque el pabellón de la escuela secundaria no parecía el lugar adecuado para perder la virginidad, Érica estaba convencida de que estaba con el muchacho indicado. Siguieron saliendo durante el último año de escuela secundaria, pero rompieron a mediados del primer semestre de la universidad. Aunque no es una experiencia atípica, Érica quedó devastada y acarreó la carga emocional de esa relación de noviazgo a todas las siguientes relaciones y, finalmente, al matrimonio.

Érica comenzó a verse como un objeto. Se convenció de que mientras ella se ofreciera a los hombres, sin mostrar dudas ni reservas, todo estaría bien. Encontró su segunda "alma gemela" en la universidad; un muchacho atrevido sexualmente. El sexo normal solo lo dejó satisfecho por un par de meses. Entonces la invitó a ver pornografía con él, y ella aceptó. Pensaba que tenía que hacerlo porque, de otra manera, él se aburriría de ella y la dejaría.

Érica creía que no le podía pedir más a la vida y, como se acercaba la fecha de graduación de la universidad, se sintió presionada a contraer matrimonio con él. Al apresurar el enlace, tomó una decisión muy poco sabia. Su primer marido la llevó a un estilo de vida de pornografía, aventuras amorosas y encuentros íntimos homosexuales. Él la presionaba a compartir cada uno de sus actos. Finalmente, decidieron divorciarse.

Tuve la oportunidad de aconsejar a Érica y a su segundo marido, Marcos. Rápidamente noté una gran diferencia entre Marcos y los demás hombres con los que Érica había salido y con los que incluso se había casado. Marcos no era de usar a las personas o maltratarlas. Amaba al Señor y estaba decidido a formar una familia cristiana. Érica y Marcos me concedieron el privilegio de sentarme con ellos para hablar y analizar la "caja" de las relaciones previas de ambos.

Mientras analizábamos aquella "caja", abordamos asuntos de maltrato, traumas sexuales, heridas, dolor, pérdidas, falta de confianza, error conceptual respecto al valor de la vida humana... y la lista continúa. La falta de confianza y la idea de que sus vidas no valían nada estaban en el fondo de esa caja.

Finalmente nos deshicimos de la caja y buscamos algo nuevo: una canasta. Una caja es algo en donde se guardan cosas. Pero una canasta es algo que va con usted y se llena con delicias y regalos. Lo primero que pusimos en la canasta de Érica fue el valor propio. Ella necesitaba conocer su valor como hija de Dios. Necesitaba saber que es invalorable a los ojos de Cristo, que es preciosa y admirada.

También pusimos confianza en la canasta de Érica. Ella necesitaba aprender a confiar en Dios. Tenía que aprender que Él nunca la dejaría ni la abandonaría. Dios es digno de confianza. Y Marcos también. Ella debía crecer en confianza en todas sus relaciones.

Érica adoptó en su vida el Salmo 139:14-16: "Te alabaré; porque formidables, maravillosas son tus obras... No fue encubierto de ti mi cuerpo, bien que en oculto fui formado... Mi embrión vieron tus ojos, y en tu libro estaban escritas todas aquellas cosas que fueron luego formadas, sin faltar una de ellas".

A medida que Érica guardaba la Palabra de Dios en su corazón, se daba cuenta de que sus actitudes y reacciones estaban cambiando. Comenzó a experimentar el amor de Dios y de su esposo como nunca antes. En el proceso, encontró cosas nuevas en su canasta: gozo, esperanza y una paz que nunca antes había experimentado. ¡Se sentía una de las mujeres más dichosas del planeta!

Al seguir creciendo en su relación con Dios, llegó a creer que el pasaje de Filipenses 4:8-9 es poderoso: "...todo lo que es verdadero, todo lo honesto, todo lo justo, todo lo puro, todo lo amable, todo lo que es de buen nombre; si hay virtud alguna, si algo digno de alabanza, en esto pensad". Y descubrió que, cuando se centra en estas cosas, su percepción cambia.

Al principio, Érica tenía una imagen tan pobre de quién era en Cristo que no podía soportar que Marcos la tratara bien. Marcos la trataba con respeto, amabilidad y con la gracia a la que fuimos llamados, pero debido a su caja de relaciones pasadas, ella no podía recibir ese trato. Con el tiempo, no solo llegó a aceptar ese amor, ¡sino a descubrir sanidad y restauración a través de él!

## Pasos para vaciar la caja de sus relaciones previas

¿Qué ha guardado y acumulado en su "caja de relaciones pasadas"? Si en sus relaciones pasadas pudo adquirir experiencia y fortaleza emocional, que le permitió formar un matrimonio lleno de amor, agradézcale a Dios de todo corazón. Pero si la historia de Érica tiene alguna similitud con su propia situación, especialmente en el aspecto del valor propio y de comprender cuán valiosa es su vida para Dios, siga leyendo. Le mostraremos algunos de los primeros pasos que le ayudarán a seleccionar y desechar lo que deba alejar de su vida.

### Vacíe la caja con ayuda de otros

Un consejero, pastor, amigo de confianza o grupo pequeño capacitado para esta tarea puede ver cosas que usted no ve. Como sucede con ese viejo par de zapatos que hemos usado durante años, un nuevo par de ojos puede verlos y decir algo como: "Oye, yo tenía un par igual hace tiempo" o "¿Sabes?, esos zapatos me traen recuerdos de los comerciales de televisión de antes". Una perspectiva nueva siempre ayuda.

### Permita que su cónyuge le ayude

Aunque no es necesario que le comente todos los detalles de la procedencia del objeto, puede darle cierta información para ayudarle a su cónyuge a comprender mejor las expectativas que llevó al matrimonio.

### Seleccione entre sus expectativas

Clasifique sus expectativas como si estuviera preparándose para una venta de garaje. Algunas expectativas que llevó al matrimonio son buenas. Otras sencillamente deben tirarse a la basura o al fogón. Por ejemplo, algunas mujeres piensan que todos los hombres son imbéciles y que solo les interesa una cosa. Esa sería una expectativa para la pila del fogón. Tiene que hacer una pila de "expectativas verdaderas" y "expectativas falsas".

### No vuelva a llenar la caja

Una de las cosas que más me gusta hacer (a Ted) cuando doy consejería es limpiar súbitamente mi escritorio de una sola barrida con el brazo. Por lo general, toma por sorpresa a la pareja y en algunos casos los asusta. Algunos incluso han pensado: *Ted se ha vuelto loco. Finalmente perdió la cabeza.* Es ahí cuando intervengo y les explico qué es el perdón. Perdonar significa dejar todo limpio mediante la sangre de Cristo. Sin embargo, como seres humanos, después de cierto tiempo, comenzamos a tomar cada cosa, una a la vez, y las volvemos a colocar sobre el escritorio. Esto es lo que quiero decir con no volver a llenar la caja. Cuando saque algo de la caja, no lo guarde otra vez.

## La próxima vez

La primera vez que yo (Ted) le presenté la evaluación de las expectativas del capítulo 1 a un grupo de parejas, me alarmó lo que descubrí. Mientras caminaba por la sala, noté que varias parejas tenían expectativas muy bajas (en su mayoría con un puntaje menor a 5). Cuando les pregunté por qué sus expectativas eran tan bajas, lo que me respondieron me esclareció la situación: "Este es el segundo matrimonio para ambos".

Muchas expectativas sobre las relaciones proceden de un primer, segundo o incluso tercer matrimonio. Una persona deja un matrimonio para comenzar otro y descubre que no es más feliz en el nuevo. Con cada matrimonio, las expectativas se hunden un poco más. Aunque muchas personas creen que en el próximo matrimonio serán más felices, en realidad se están degradando en el proceso.

Armand Nicholi III, sociólogo de Harvard, llegó a esta conclusión: "El divorcio no es una solución, sino un intercambio de problemas".[1] De un modo más personal, la novelista Pat Conroy dijo de su propia ruptura matrimonial: "Cada divorcio es el fin de una pequeña civilización".[2]

Una mujer escribió después de su divorcio: "Nuestro divorcio ha sido la experiencia más dolorosa, horrible, causante de úlceras y agonizante que se pueda imaginar... Ojalá pudiera expresarlo en este papel, para que todo el mundo sepa lo que se siente en un divorcio. Tal vez mi descripción podría detener a las personas antes de que fuera demasiado tarde". La revista *Psychology Today* [Psicología hoy] mencionó que un alarmante 60% de las segundas nupcias fracasan. Y cada vez más rápido: después de un promedio de 10 años, el 37% de estas se ha disuelto en comparación con el 30% de los primeros matrimonios.[3]

A diferencia de los cuatro capítulos anteriores, en los que analizamos de qué manera se llevan expectativas elevadas al matrimonio basadas en los padres, las diferencias generacionales, la cultura, las películas, la música y la personalidad, ahora veremos las expectativas "desinfladas" que se llevan al matrimonio.

La Dra. Karen L. Maudlin es licenciada en psicología clínica, especializada en terapia matrimonial y familiar; además tiene una columna regular en la revista *Christian Parenting Today* [Paternidad cristiana hoy]. Según escribe:

> *A menudo se considera que las parejas que comienzan un segundo matrimonio acarrean demasiado bagaje para tener éxito en el siguiente intento. Sin embargo, esto implica la suposición de que las personas pueden comenzar cualquier relación sin ninguna carga emocional ni ninguna historia que afecte a la relación; una suposición que, por supuesto, no es cierta. La infancia, las relaciones previas, incluso las relaciones con hermanos y amigos durante el transcurso de la vida, todo afecta a la elección de la pareja y la relación que comience de ahí en adelante.*
>
> *Los segundos matrimonios, por naturaleza, son más complicados y están en mayor riesgo de divorcio que los primeros matrimonios (el índice de divorcios es mayor que el 60% en comparación con el 50% para los primeros matrimonios). Sin embargo, también queda claro que los segundos matrimonios necesitan el mismo cuidado fuerte y constante que los primeros. Cualquiera que sea la etapa de la vida o la circunstancia en la que se encuentre, con un poco de cariño y amor adicional y una comunicación eficaz, su segundo matrimonio puede prosperar.[4]*

A continuación le presentaremos algunas consideraciones fundamentales sobre las expectativas que se llevan a un segundo matrimonio:

- No se apresure a casarse por segunda vez, ni siquiera a salir con alguien.

- Cuando se trata de sanar heridas de un matrimonio anterior, piense en función de años, no de semanas o meses.
- Consulte a un consejero matrimonial antes de comenzar a salir con alguien nuevamente. Obtenga una perspectiva de su historia matrimonial. Las expectativas insatisfechas de su primer matrimonio resurgirán en el próximo.
- Perdone a su cónyuge anterior. El enojo no resuelto resurgirá en el próximo matrimonio.
- Sea sincero. Cuando comience a salir con alguien nuevamente, no "disfrace" el pasado. Hablen de sus expectativas, esperanzas y sueños mutuos.
- No se culpe por los errores pasados. Céntrese en el futuro.

Ahora bien, podrá imaginarse que las expectativas se acrecientan cuando la pareja lleva hijos a un segundo matrimonio. Hay una serie de expectativas respecto a los segundos matrimonios cuando hay hijos de por medio. La mayoría de las expectativas se centran alrededor de qué tipo de familia fusionada está buscando usted.

Existen cuatro tipos de familias fusionadas:

1. La *familia fusionada tradicional* es la que más se parece a la familia tradicional y es el modelo más positivo. Tanto la madre como el padre comprenden la necesidad de que exista una comunicación abierta y sincera entre ellos y con los padres biológicos. La conversación sobre el estilo de crianza es franca e incluye la expectativa de que la unión como familia llevará tiempo. La tensión y el "favoritismo" son limitados porque el marido y la mujer (ahora en un segundo matrimonio) presentan un frente unido ante los hijos.

2. La *familia fusionada idealista* vive con la idea de que, en poco tiempo, funcionarán como una familia tradicional. Deben resolverse dos grandes expectativas. Primero, la familia

fusionada nunca será una familia tradicional. Segundo, incluso los intentos por convertirse en una familia fusionada tradicional llevarán tiempo. Las expectativas de lograr instantáneamente unidad, cohesión, dicha y felicidad, y una crianza compartida dan como resultado una brecha enorme llena de estrés.

3. La *familia fusionada matriarcal* presenta un hogar en el que la madre es quien evidentemente está a cargo y dirige la orquesta. Su esposo sigue su liderazgo. Ella espera que él sea amigo de sus hijos. Él debe saber dónde están y los pormenores de lo que deben y no deben hacer, pero tiene límites precisos en cuanto a la disciplina.

4. La *familia fusionada patriarcal* muestra un hogar en el que el padre es el líder y dirige la orquesta. La madre sigue su liderazgo en la mayoría de las áreas, pero maneja la disciplina de sus hijos biológicos. En gran medida, como la familia fusionada matriarcal, la madre espera que su esposo sea amigo de sus hijos.

## Expectativas comunes que un cónyuge trae a la familia fusionada:

- La cohesión y unidad llevarán cierto tiempo, pero una vez que se logre, todo será dicha y felicidad.
- Criaremos a los niños entre los dos.
- Amaremos a los hijos del otro tanto como a los nuestros.
- El favoritismo no existirá en nuestro hogar.
- Como pareja, presentaremos un frente unido ante los niños. Ellos no podrán enfrentarnos el uno al otro.

## Expectativas realistas para todas las familias fusionadas:

- La cohesión y la unidad llevarán tiempo.
- La familia fusionada nunca será una familia tradicional.

Santiago y Rebeca son personas de un buen nivel cultural y fieles cristianos. La conformación de una familia fusionada resultó ser lo más difícil que hayan hecho en su vida. Se conocieron en la iglesia, y su relación tuvo un comienzo excelente. Durante el período de noviazgo y compromiso, se dedicaron a leer libros, asistir a seminarios y escuchar a pastores conocidos del país. Se sentían suficientemente preparados para el matrimonio, ya que ambos tenían dos hijos de su primer matrimonio. No llegaron al segundo matrimonio con la idea de que sería rápido o fácil "fusionar" las dos familias. Ambos creían que tenían expectativas razonables al comenzar su nueva vida juntos.

Aunque el amor entre los dos surgió naturalmente y con facilidad, la crianza compartida casi destruye su matrimonio.

Santiago tenía dos varones, y Rebeca, dos niñas. Santiago creció en un hogar dominante; Rebeca, en un hogar amoroso, pero firme. Ahí estaba el problema. Rebeca tomaba distancia de Santiago, y alejaba a sus hijas, cada vez que él quería disciplinarlas. Ellos creían que comenzaban su matrimonio con expectativas realistas y un plan de crianza sólido; pero no pasó mucho tiempo antes de que todo empezara a desmoronarse.

Conocí a Santiago y Rebeca poco después de su segundo aniversario. Estaban al borde del divorcio y ya habían comenzado a tocar el tema. Para ambos, era un buen momento para terminar con la relación. Aún no habían comprado una casa en conjunto, lo cual hacía que los arreglos financieros no serían tan complicados. Los varones y las niñas no se llevaban bien, así que decir adiós sería un alivio. Y ambos tenían un buen trabajo, por lo que mantener dos hogares era factible.

Tanto Santiago como Rebeca estaban actuando basándose en el pensamiento: *No es mi culpa.*

—Si ella me dejara participar de la educación de las niñas y no las defendiera cada vez que abro la boca, todo sería mucho más fácil —dijo Santiago.

—Si él se relajara en casa y dejara de actuar como un sargento que dirige una base militar, podríamos sobrevivir —dijo Rebeca.

Aunque Santiago y Rebeca habían conversado largas horas sobre la disciplina en el hogar, ninguno de ellos había tenido en cuenta las emociones que surgirían cuando observaran a otra persona regañar a su hijo. Ni Santiago ni Rebeca tenían la expectativa de ser una familia tradicional, pero existían algunas expectativas emocionales fuertes bajo la superficie para las que ninguno de ellos estaba preparado.

Tanto Santiago como Rebeca subestimaban el vínculo paternal y maternal. Aunque no lo habían mencionado, ambos suponían que podían amar a los hijos del otro igual que a sus propios hijos. Pero la realidad era diferente. Rebeca había dado a luz a esas niñas y había pasado diez años con una y ocho con la otra. Eso suma diez árboles de Navidad, dieciocho cumpleaños, varias docenas de boletines de calificaciones e incontables lágrimas que reclamaban su consuelo. El vínculo paternal o maternal con sus hijos naturales siempre será más fuerte... para Rebeca y Santiago.

¿Siguen juntos Santiago y Rebeca? ¡Sí! Aunque atravesaron algunas tormentas, me complace informar que, ocho años después, siguen casados. Es así como lo lograron:

Santiago guió a su familia en su propio proceso de responsabilidad personal. Sabía que mejorar la calidad de la relación tenía que ver más con su propio comportamiento en el hogar que con el de ninguna otra persona. Por naturaleza, Santiago culpaba a los demás por las cosas que le disgustaban, como por ejemplo un cuarto desordenado o la impertinencia hacia mamá o papá. Se esforzaba por intentar cambiar la manera en que su familia lo trataba. Admite que en el proceso intentó algunos métodos poco saludables para manipularlos y forzarlos a cambiar de comportamiento. En cada ocasión, terminó sintiéndose herido y frustrado.

Para Santiago, asumir la responsabilidad personal significaba no enfocarse en lo que habían hecho o estuvieran haciendo los demás miembros de la familia. Se sentía tentado a pensar: *Si mi hijastra dijera esto...* o *Si mi mujer me apoyara en esto...*; pero, en cambio, comenzó a enfocarse en esta verdad transformadora: *No puedo cambiar a ninguna de ellos, pero puedo cambiar yo.*

Al principio, la familia de Santiago tardó en reconocer el cambio. No estaban seguros de que no los estuvieran manipulando. Pero después comenzaron a darse cuenta de que el cambio era real y definitivo.

Hoy día, Santiago y Rebeca se aman profundamente y aman a su familia. Cuando Santiago les demostró a su esposa e hijos qué era asumir la responsabilidad personal y decidió servir a los demás en lugar de ser servido, todo mejoró en su relación.

Santiago tipifica el mensaje de este libro. Él llevó mucho bagaje a su matrimonio. Tenía muchas expectativas. Pasó cierto tiempo vaciando la "caja", pero al final decidió tirarla. Él es un rayo de luz que refleja a Jesucristo. Estoy muy orgulloso de él. Mis amigos Santiago y Rebeca encontraron la esperanza que solo viene a través de Cristo y la responsabilidad personal.

En los siguientes capítulos, profundizaremos sobre una nueva etapa de la evolución del matrimonio saludable: la **responsabilidad personal**.

---

## La evolución de un matrimonio saludable

| Expectativas insatisfechas | ～ Descubrimiento ～ | Responsabilidad personal | ～ **Compromiso** |
|---|---|---|---|
| [capítulo 1] | [capítulos 2-5] | [capítulos 6-8] | [capítulos 9-11] |

---

Analizaremos cuatro claves para que se replantee sus expectativas, además de cuatro principios que le ayudarán a asumir la responsabilidad personal por las expectativas que llevó al matrimonio. Este es un capítulo que no se puede perder.

# Seis consejos para obtener "lo mejor de una fusión"

Natalie Nichols Gillespie, autora de *Stepfamily Success* [Éxito en la familia reconstituida] e integrante asesora del *Stepfamily Steering Committee* [Comité Directivo para la Familia Reconstituida] para la *Association of Marriage and Family Ministries* [Asociación de Ministerios para el Matrimonio y la Familia. AMFM, por sus siglas en inglés], ofrece los siguientes consejos a las familias fusionadas:

## 1. Permítase ser diferente

Las familias fusionadas son diferentes al núcleo familiar tradicional. Cuanto antes deje de soñar que su familia fusionada parecerá "normal", mejor será. Usted ha llevado personas casi desconocidas a convivir bajo el mismo techo. No tienen una historia en común y es algo que toma tiempo. Al promedio de estas familias le toma entre dos y cinco *años* comenzar a sentirse como una unidad cohesiva. Por lo tanto, aunque el término "familias fusionadas" es un término impreciso, que es simpático y suena bien, por lo general no refleja la realidad. Las familias fusionadas se parecen más al agua y el aceite. Usted puede juntar a todos y sacudirlos, y por momentos o incluso días, se fusionarán, pero generalmente vuelven a las formas y costumbres de su familia original. No viven "fusionados". Y eso es totalmente normal y está bien.

## 2. Ponga primero a la pareja

Las familias fusionadas deben dar prioridad a la relación de la pareja. Esto puede ser algo difícil para los padres, ya que tuvieron a sus hijos antes de tener a su nuevo cónyuge. Pero la familia solo será fuerte si la relación de pareja lo es. Los niños, especialmente los que han experimentado el divorcio de sus padres, necesitan con desesperación la estabilidad y el ejemplo positivo de una relación de pareja que sea sólida. Tómense tiempo para salir solos algunas noches, aprendan a resolver los conflictos de manera positiva y no dejen de ser un frente unido. Como pareja fusionada, tendrán presiones de todos lados: de los ex cónyuges, de los retos económicos y especialmente de sus hijos. ¡Sean fuertes!

## 3. Procuren que los padres biológicos sean los que ejerzan la disciplina

En una familia fusionada, los padres biológicos deberían ejecutar la ley, mientras los padrastros conceden la gracia. En la mayoría de estas familias, sucede lo contrario. Los padrastros —que no estaban cuando sus hijastros nacieron, o cuando dijeron sus primeras palabras o hicieron las adorables monerías de un bebé— tienden a ver más los defectos de sus hijastros. Los padres biológicos, que han amado a sus hijos desde el primer día, tienden a ser más benévolos. Esto produce tremendos conflictos y debe revertirse. Los padrastros no tuvieron una posición de influencia con los niños durante suficiente tiempo como para administrar la disciplina, y los padres biológicos deben establecer límites saludables para sus hijos. El padre o la madre deben disciplinar al niño, mientras el padrastro o la madrastra deben asumir el rol de mentor o amigo.

### 4. No trate de forzar el amor

Las familias fusionadas que salen adelante se toman las cosas con calma en la relación. Usted no puede esperar que los hermanastros se amen o incluso que simpaticen. Y no tiene por qué sentirse culpable si de entrada no siente un amor entrañable por sus hijastros. Debería exigir que todos se respeten (y respeten las pertenencias de los demás), pero no fuerce las cosas y deje que la relación de la familia crezca con el tiempo.

### 5. Sea transigente en todo momento

Las familias fusionadas tienen que aprender a ser transigentes en todo momento. Si le da paz a su familia celebrar la Navidad el 21 o el 26 de diciembre en lugar del 25 de diciembre tradicional, cambie sus tradiciones. Esté dispuesto a escuchar a cada miembro de la familia y permita que todos participen de alguna manera en las decisiones que tengan que ver con las fiestas, las actividades familiares, las vacaciones e incluso la disciplina. Las reuniones familiares pueden ser una excelente manera de lograr que las familias fusionadas trabajen con una meta en común. Permita que los niños den su opinión sobre la disciplina según las distintas faltas y convierta las reuniones en una oportunidad para conversar sobre qué cambios positivos pueden hacerse. Valore más el desarrollo de la relación en su familia, que ser el que "tiene la razón".

### 6. Procure tener la conciencia tranquila en todo lo que haga

En los tribunales de justicia, los jueces a menudo dicen que buscan la parte con la "conciencia tranquila". Esto quiere decir que la persona actúa con buenas intenciones y corazón sincero. Procure tener la conciencia tranquila en todo lo que haga en su familia fusionada. Aunque su ex cónyuge sea exigente y poco razonable, mantenga la calma y no permita que el conflicto afecte a los niños. Practique diariamente el perdón y la paz. No puede controlar las acciones de los demás, pero puede controlar sus emociones, sus respuestas y sus reacciones. La próxima vez que un ex cónyuge, hijastro o cualquier miembro de su familia fusionada lo saque de quicio, recuerde Romanos 12:18: "Si es posible, en cuanto dependa de vosotros, estad en paz con todos los hombres".[5]

# PREGUNTAS Y RESPUESTAS

Esta pregunta la envió a nuestro sitio de la Internet un hombre que se está enfrentando al problema de la responsabilidad compartida para lograr una buena relación matrimonial.

*P: ¿Cómo puede ser que siempre es el hombre el que tiene que hacer todo el esfuerzo en una relación? ¿Por qué a las mujeres no se les pide que aprendan sobre los hombres y cómo comunicarse con sus maridos? Parece que todo debe hacerse como la mujer quiere. Suena muy unilateral.*

*R:* Creo que la respuesta es sencilla. Esto se debe a que los hombres deben asumir su posición de líderes. Y llegamos a ser líderes en nuestra familia por la manera en que nos comunicamos, aprendemos de los demás y servimos a los demás. Cuando un hombre busca realmente el crecimiento en su relación con el Señor y con su matrimonio, todos se benefician.

En todos mis años de consejería matrimonial, hubo muy pocas mujeres que no respondieron positivamente al genuino esfuerzo y crecimiento de su esposo. Un pequeño secreto: las mujeres poseen un manual incorporado sobre el matrimonio. Saben la diferencia entre cuándo un esposo está haciendo las cosas bien con la motivación correcta, y cuándo un esposo está haciendo las cosas bien para salirse con la suya.

Muchos maridos cometen el error de esperar que su esposa cambie antes de procurar un cambio en su propia vida. No espere que su esposa cambie. Puede empezar hoy; empiece por aprender de ella. No se preocupe por lo que ella está aprendiendo o haciendo en este momento. Preocúpese por su propio crecimiento. Sea el líder.

Ahora bien, si usted es la esposa, y su marido no está asumiendo la responsabilidad en el matrimonio, eso no la exime de su propia responsabilidad.

Imagínese que camina todo el día con un aro de hula-hula. Todo el día tiene total control de lo que sucede dentro de ese aro. Tiene el control de usted y de sus acciones. Primera de Pedro 3:1-7 nos dice que cuanto más crecemos en el Señor, más afables y apacibles nos volvemos. Su crecimiento espiritual le dará paz y calma, porque se da cuenta de que no le corresponde a usted hacer que su marido cambie. Al principio será difícil, pero su crecimiento en el Señor le dará esta calma de forma natural. Así se relajará y no seguirá presionando a su marido para que cambie. A su vez, al notar su cambio, él podría preguntarle qué influyó en usted.

El matrimonio no es de ninguna manera unilateral. Implica a dos personas que están creciendo en el Señor. Cada cónyuge debe asumir el 100% de la responsabilidad personal por su propio caminar con Dios.

# CAPÍTULO 6

# ESPERE LO MEJOR

Durante los primeros treinta y cinco años de mi vida, yo (Gary) creí que las personas tenían el deber de hacerme feliz. Tenía expectativas de mi familia. Pensaba que estaban dispuestos a sacrificar sus vidas, sus preferencias y sus necesidades por el ministerio de restauración matrimonial, al igual que yo. Me avergüenza admitir que no tenía inconvenientes en pretender que mi esposa y mis hijos esperaran una hora afuera y pasaran frío, hasta que yo terminara una reunión o una clase. Estaba convencido de que lo que hacía era más importante que amarlos y servirles.

Pasaron años hasta darme cuenta de que, egoístamente, había esperado que mi esposa y mis hijos estuvieran al servicio de mi ambición personal. Con razón Norma y yo no experimentábamos mucho gozo en nuestro matrimonio. Nuestra relación estaba desequilibrada.

Con demasiada frecuencia, veo que se repite este tipo de situación entre las parejas jóvenes. Por ejemplo, está la mujer que sueña durante años con encontrar al "hombre perfecto". Cree que ese hombre hará realidad su más profundo anhelo de intimidad. Se lo imagina sentado junto a ella en un mullido sofá de dos cuerpos, frente a una chimenea encendida, mientras hablan abrazados durante horas. Se lo imagina conversando sobre sus planes para el futuro, sus próximas vacaciones y los cambios en la decoración de la sala. Cree que él será diligente en arreglar las cosas de la casa, encargarse del mantenimiento del automóvil y estar a su lado para apoyarla y alentarla cuando se sienta desanimada. A menudo piensa en su futuro marido como una cascada que fluye continuamente y refresca su vida, una fuente inagotable de satisfacción que hará que su vida rebose de significado.

Esta mujer no sabe que se está preparando para el mismo dolor del que intenta escapar. No le lleva mucho tiempo —por lo general, no más de algunas semanas de vida matrimonial— darse cuenta de que su marido, en muchos aspectos, no puede o no quiere cooperar con sus expectativas. La relación que, según ella esperaba, le daría seguridad, de hecho puede hacer que se sienta más insegura. Quizá su marido sea el tipo de hombre que se fija en todas las muchachas atractivas que pasan. O esté tan enfrascado en su trabajo que muestre poco interés en el trabajo o las actividades de ella. Como yo, es posible que pretenda que ella sacrifique sus propios deseos por su trabajo, su carrera o su ministerio. Tal vez esté demasiado cansado para arreglar el automóvil o hacer las reparaciones necesarias en la casa. Incluso podría parecer que su único interés en tocarla se deba a una motivación sexual.

No pasa mucho tiempo hasta que esta mujer, que una vez tuvo tantos sueños, comienza a sentirse usada y poco valorada. Hay días que se siente más como una encargada o criada que como una esposa admirada. Él no solo no le "recarga las baterías", sino que su insensibilidad comienza a agotar sus recursos emocionales. De no subsanarse esta situación, finalmente ella perderá todo lo que haya tenido de amor, felicidad y paz cuando comenzó el matrimonio.

Si su esposo no satisface sus necesidades, es posible que ella piense en una alternativa: *Si mi marido no satisface mis necesidades, buscaré otra manera. Tendré hijos. ¡Niños que corran por toda la casa es justamente lo que necesito para sentirme plena!* Poco después de haber nacido su bebé, ella descubre que los hijos, en vez de "recargarle las baterías", tienen una sorprendente capacidad para provocar un cortocircuito.

El hombre también comienza el matrimonio con muchas expectativas. Se imagina que su esposa cooperará con él. Todos los días le dirá lo bueno que es como amante, esposo y padre. Sin duda, preparará una deliciosa comida cada noche y siempre responderá con pasión a sus deseos sexuales. Siempre le preguntará cómo le fue en su día de trabajo y le permitirá relajarse y pasar tiempo con sus amigos.

Pero él también descubre que ella no solo no puede "recargarle las baterías", sino que estar con ella le produce un "apagón eléctrico". Igual que ella, su inseguridad va en aumento, y puede llegar a pensar que se casó con la persona equivocada. Incluso puede empezar a mirar a su alrededor para ver si encuentra otra mujer que, en su opinión, satisfaga mejor sus necesidades y, en última instancia, se convierta en el "cargador de sus baterías".

Para cualquiera de los cónyuges, una aventura amorosa bien puede generar un pico de energía momentáneo, pero no pasará mucho tiempo hasta que ocurra una grave escasez de energía, cuando el cónyuge intente mantener en secreto esa relación. Es más fácil comenzar una aventura amorosa que terminarla. Reparar el daño que causa es como intentar cambiar todo el sistema eléctrico de una casa después que le cayó un rayo; todos los circuitos explotaron, y los cables se derritieron.

El marido y la mujer no son los únicos en experimentar esto. Todos sufren frustración cuando buscan que otras personas satisfagan sus expectativas. Los hijos pueden desear más amor y mejor comunicación con sus padres. Los padres pueden sentir que sus hijos se están aprovechando de ellos. Los empleados a menudo sienten que su jefe no se preocupa por ellos como personas. Los jefes pueden sentir que sus empleados no tienen ningún sentido de lealtad o gratitud para con ellos. Y muchos cristianos se sienten traicionados cuando algunos de sus líderes sucumben ante la tentación y demuestran ser tan humanos y propensos al fracaso como cualquier otra persona.

En el libro de Proverbios, leemos: "La esperanza que se demora es tormento del corazón..." (Pr. 13:12). Muchos maridos, esposas, hijos, amigos, empleados y jefes ponen sus esperanzas de realización en otras personas, lo cual finalmente los deja vacíos y frustrados.

Esta codependencia crea en nosotros la expectativa de que los responsables de nuestra satisfacción son los demás. Cuando nos decepcionan, la vida nos trata mal. Cuando cumplen con nuestras expectativas, la vida nos trata bien. Dios nos da la posibilidad de relacionarnos con los demás para *enriquecer* nuestra vida, no para que los demás *sean* nuestra vida.

Agradezco a Dios porque por fin pude comenzar a descubrir este principio, puesto que mis expectativas poco realistas de los demás me impedían obtener la realización que buscaba desesperadamente. Por muy maravillosas que sean las personas que tengo a mi lado, nunca podrán recargar totalmente las baterías de mi vida. Cuando usted tiene la expectativa de que otras personas u otras cosas de este mundo lo sacien, siempre terminará de alguna manera desilusionado. Y cuando hablamos de que nos "sacien", nos referimos a que nos hagan realmente felices: sentir esa emoción de la vida que proviene de imaginar que tenemos todos los bienes materiales que queremos, que todas las personas nos aman y amamos a todos y que obtenemos placer por hacer todas las actividades emocionantes de la vida. Pero esto no va a sucederle y, cuanto antes se dé cuenta, antes descubrirá qué es lo que en realidad puede saciar por completo de vida y amor al ser humano.

Comenzamos este libro analizando el asunto de las expectativas insatisfechas. Durante estos últimos capítulos, hemos hecho un viaje de reconocimiento para descubrir las cosas que forman las expectativas que llevamos al matrimonio. Ahora nos toca profundizar en una de las etapas más fundamentales: asumir la *responsabilidad personal*.

En las próximas páginas, le daremos cuatro claves que le ayudarán a replantearse sus expectativas, además de cuatro principios que le ayudarán a asumir la responsabilidad personal de las expectativas que se llevan al matrimonio.

# Cuatro pasos esenciales para replantearse sus expectativas

Por un momento, intente pensar en sus expectativas como si fueran muebles en la sala de su mente. ¿Qué ve allí? ¿Demasiados muebles? ¿Muebles que no combinan o son incómodos? ¿Qué necesita desechar? ¿Con qué se puede quedar? Antes de poder vivir bien y a gusto en un matrimonio satisfactorio, debe hacer un inventario de los muebles que ha colocado en su mente en forma de expectativas de lo que para usted es el matrimonio. Después puede comenzar a replantearse coherentemente esas expectativas.

### 1. Saque sus expectativas a la superficie

Comience por hacer una lista de las expectativas que llevó al matrimonio o que todavía tiene para su matrimonio que muestran la mayor brecha entre la expectativa y la realidad. Luego responda las tres siguientes preguntas sobre cada expectativa:

1. ¿Es necesario que cambie o ajuste esta expectativa?
2. ¿Es justa y razonable su expectativa?
3. Si hablara de su expectativa con su cónyuge, ¿le parecería a él o a ella razonable?

Aquí la clave es *abordar una expectativa a la vez*. A menudo, lo que descubrimos cuando trabajamos con las parejas es que todas las expectativas están agrupadas y se las coloca en la misma categoría. Esto es problemático. Hay una razón por la que recibíamos un boletín de calificaciones dividido en materias, como Matemáticas, Lengua, Ciencias y Educación Física. Cada clase le otorgaba una evaluación individual. A algunos de nosotros nos iba bien en lectura y redacción, y mal con las ciencias y las matemáticas.

Las calificaciones individuales nos permitían concentrarnos y esforzarnos en la clase que más necesitábamos sin atosigarnos.

Por ejemplo, cuando yo (Gary) era niño, me esforzaba muchísimo más en Matemáticas, pero sin embargo nunca fui muy bueno en esa materia. Es la principal razón por la que hoy día no soy contador, administrador financiero o gerente comercial. Después de años de empeño en mis calificaciones de Matemáticas, de incontables horas de clases de apoyo y tarea extra, no llegué a sobresalir. Gracias a Dios, tuve padres que me comprendieron y me animaron a explotar otras áreas.

Conclusión: sus expectativas sobre el matrimonio no deben agruparse todas juntas; cada una requiere su propia categoría individual en su boletín de calificaciones. Aborde sus expectativas una por una con su pareja.

Una reciente tira cómica muestra a un niño de cuarto grado de pie frente a su maestra. Detrás de ellos, se asoma un pizarrón lleno de problemas de Matemáticas que el niño no ha terminado. Con una percepción poco frecuente, el niño dice: "¡No es que yo no sea un alumno aplicado, es que usted tiene demasiadas expectativas!".

No queremos que deje de ser un cónyuge aplicado ni que tenga demasiadas expectativas en su matrimonio. Al abordar cada expectativa por separado, podrá conseguir un equilibrio entre sus expectativas irracionales y la realidad negativa.

### 2. Trabaje en lo que puede cambiar

Adivine: ¿qué puede cambiar? ¡Usted mismo! Puede cambiar el 100% de usted mismo y de sus expectativas; pero no puede cambiar toda su realidad por usted mismo. Puede comenzar por responder la primera pregunta: *¿Es necesario que cambie, o que replantee mis expectativas?* Este es el primer paso al abordar cada expectativa individualmente.

¿Cuál de sus expectativas son razonables y cuáles no lo son? ¿Cuáles se basan en verdades bíblicas y cuáles no? En los siguientes capítulos, analizaremos los distintos tipos de expectativas que los hombres y las mujeres llevan al matrimonio y le mostraremos cuáles de las expectativas constituyen preceptos o principios bíblicos. Use los preceptos bíblicos como filtro de cada una de sus expectativas y replantéeselas según sea necesario.

Recuerde que usted es responsable de sus expectativas en la relación. Reconocer que tiene que cambiar es el primer paso para reducir la brecha entre sus expectativas irracionales y la realidad negativa.

### 3. Renuncie a lo que no puede cambiar

Determínese a dejar de presionar a su pareja para que satisfaga sus expectativas. Usted debe preguntarse: *¿Son justas y razonables mis expectativas?*

Tal vez tenga más expectativas injustas y poco razonables de lo que usted se imagina. He aquí un pequeño secreto: dejar de presionar a su pareja cambiará la atmósfera de su matrimonio y de su hogar. No solo usted se sentirá mejor, sino también su cónyuge.

¿A qué expectativas necesita renunciar? A continuación hay algunos ejemplos de la evaluación del capítulo 1:

| |
|---|
| *Largas caminatas por la playa. Caminaremos sin otro propósito que el de relacionarnos. A solas con mi cónyuge, con la arena entre los dedos de los pies, los pantalones arremangados y la marea que se acerca.* |
| *Pocas visitas a los suegros. (Nuestros padres se fijarán límites saludables sin que nosotros tengamos que decírselo. Las visitas serán mínimas para poder cumplir con el mandato divino:* "Dejará el hombre a su padre y a su madre, *y se unirá a su mujer").* |
| *Una linda casa. Tendremos una cerca blanca, muebles y un patio trasero o un departamento en el centro de la ciudad. Quizá no sea necesariamente nuestro primer hogar, sino nuestro hogar unos años después.* |
| *Vacaciones románticas. Cruceros, casas en la playa o cabañas apartadas en las montañas. La experiencia de la luna de miel se repetirá por lo menos una vez al año.* |

> *Comidas caseras. (Mi cónyuge siempre tendrá la mesa lista, la comida en el horno y a veces incluso velas encendidas. No tendremos necesidad de cenar fuera u ordenar comida a domicilio. Las comidas serán tan buenas como las de mi mamá [o aun mejores]).*
>
> *Sexo a diario. El sexo regular resolverá cualquier problema con la lujuria.*
>
> *Sexo durante toda la noche. Haremos el amor hasta que salga el sol. A menudo tendremos orgasmos múltiples.*
>
> *Un solo ingreso familiar. Mi cónyuge ganará suficiente dinero para cubrir nuestros gastos de modo que yo pueda quedarme en casa con los niños.*

Queremos alentarlo a volver a evaluar sus expectativas del capítulo 1. ¿A cuáles de ellas puede y debe renunciar?

## 4. Replantéese sus expectativas conforme a la realidad

La meta es que usted y su cónyuge puedan sentarse juntos y replantearse expectativas nuevas, realistas y bíblicas para el futuro.

Cuando yo (Ted) tuve mi primera hija, mis expectativas no se ajustaban a mi realidad. Durante los primeros seis meses de nuestra condición de padres, Amy y yo teníamos dificultades para encontrar un equilibrio entre el matrimonio, el cuidado de la niña, la carrera y el descanso.

A la mayoría de las parejas, le gusta la idea de ser padres. Nos preparamos mediante la lectura de libros, la asistencia a clases especiales y las visitas al médico en cada etapa del embarazo. Vehículos solazados y elegantes se cambian por otros más prácticos. Se modifica la ubicación de los muebles. Se cambian las prioridades. Pero a pesar de todo el gozo que los nuevos padres experimentan, hay una cosa para la cual nunca nos preparamos: la falta de intimidad. Cuando el ritmo de la crianza de los hijos destruye la intimidad, el matrimonio se ve en peligro.

Al principio cometí un error terrible. Con dos hijos pequeños en casa, di por sentado que mi esposa se encargaría de ellos hasta que terminó por agotarse. Comenzamos a vivir como el mayordomo y la sirvienta. Nos convertimos en esclavos de nuestros hijos. La solución para nosotros era simple: soportar los años de la niñez como un oficial militar que lidera un pequeño pelotón. Después de algunos años, nos volveríamos a unir y disfrutar de la vida. ¡Qué mala idea!

Lo que es peor, yo seguía con las expectativas de pasar mucho tiempo con mis amigos y disfrutar de mis pasatiempos. Después que Corynn nació, seguí dedicado a mi vida y al trabajo. Cada día que pasaba, Amy y yo estábamos más desunidos hasta la noche en que tuvimos una charla muy seria.

Nunca olvidaré la imagen de Amy, sentada al borde de nuestra cama llorando por el estado de nuestra familia. Nuestra relación se estaba enfriando, y ella estaba decepcionada de mí. Y era totalmente comprensible. Yo estaba actuando como un imbécil. Al hablar esa noche, Amy me recordó algo que había sucedido un año antes.

Durante los primeros años del inicio de nuestra iglesia, estábamos muy unidos con nuestro grupo hogareño. Pasábamos tiempo todas las semanas con varias parejas jóvenes que compartían nuestra etapa de la vida. Algunas tenían hijos; otras, no.

Cuando anunciamos a nuestro grupo hogareño que esperábamos un hijo, dije algo que para mí tenía sentido, pero no tenía idea de cuánto lastimaría a Amy. El resultado y las secuelas de esas palabras mal elegidas cambiarían nuestro matrimonio para siempre. Lo que es más importante, me cambiarían a mí para siempre.

Mis palabras habían sido: "Nada cambiará cuando nazca el bebé". Mi intención no había sido lastimar a Amy, sino asegurarles a todos que ella y yo seguiríamos conduciendo la iglesia con todo nuestro tiempo y energía. Esta era una expectativa inmadura, pero creo que en esto no soy el único. Debe de haber unos cuantos hombres enérgicos, con objetivos bien definidos, que sentirían lo mismo.

Amy escuchó mis palabras y entendió algo completamente distinto, y eso la afectó mucho. Ella entendió: "Seguiremos trabajando largas horas cada semana. Seguiremos saliendo a cenar regularmente con amigos. Nos seguiremos quedando en la iglesia hasta altas horas de la noche. Y nuestra vida y nuestros horarios seguirán siendo los mismos". Nada podía estar más lejos de la realidad que pronto afectaría a nuestras vidas por completo.

En nuestras conferencias matrimoniales que ofrecemos en todo el país, enseñamos que la comunicación tiene que ver más con lo que la otra persona escucha y entiende que con lo que uno dice. Los sentimientos son más importantes que las palabras. La intuición de una mujer cuando se trata del corazón es como la visión de rayos X de Superman. Amy vio mi corazón cuando dije: "Nada cambiará". Y supo que no estaba preparado para la realidad. Yo sabía muy bien cómo se hacía un bebé. Esa parte era divertida. Y las clases me preparaban para el trabajo de parto y el parto en sí. Sin embargo, no estaba listo para ser padre. Me llevaría años serlo. *Encontrar el equilibrio entre el matrimonio, la carrera y la paternidad demostraría ser el reto más difícil de mi vida.* Aunque cada día sigo luchando para conseguir ese equilibrio, he tenido grandes progresos.

Aquella noche, Amy me dijo esta verdad: "Ted, espero que sepas que las cosas *van* a cambiar. El bebé necesitará tener sus siestas, una alimentación regular y sus horarios". Sus hermosos ojos capturaron mi atención, y pude sentir su corazón cuando me dijo sutilmente: "Todo va a cambiar".

Aquella noche fue un momento decisivo en el que replanteé mis expectativas equivocadas para que se ajustaran a la realidad.

## No es fácil, pero vale la pena

Al tratar de resolver la brecha entre nuestras expectativas y la realidad presente, la Oración de la Serenidad, escrita por Reinhold Niebuhr, nos recuerda que no es necesario que tengamos el control de todo lo que nos rodea, incluso las personas, los lugares y las cosas:

*Dios, concédeme*
*Serenidad para aceptar las cosas que no puedo cambiar,*
*Valor para cambiar aquellas que puedo,*
*y Sabiduría para reconocer la diferencia.*
*Viviendo un día a la vez;*
*gozando un momento a la vez*
*aceptando las dificultades como la senda a la paz;*
*tomando, como hizo Jesús, a este mundo pecador*
*tal como es, no cómo quisiera que fuera;*
*confiando que Tú harás bien todas las cosas*
*si me someto a tu Voluntad;*
*para que esté razonablemente feliz en esta vida*
*y sumamente feliz en la que viene.*
*Amén.*

El día de su boda, a menudo se imagina un cuento de hadas, con usted como protagonista de un matrimonio sin problemas, desacuerdos ni preocupaciones, y con un final feliz. La clave para resolver el dolor que surge cuando no se cumplen esas expectativas no es cambiar el comportamiento de su pareja; sino, en cambio, asumir la responsabilidad personal por sus propias expectativas y, junto con su cónyuge, ajustar sus expectativas a la realidad y en armonía con las expectativas de su pareja. Ambos descubrirán que cuando se aman y se esfuerzan por convertirse en un "equipo matrimonial", ajustarán sus expectativas conforme a la realidad y experimentarán un mayor compromiso mutuo.

La brecha entre lo que usted espera y lo que vive en la realidad lo deja sin fuerzas. Para que se relaje, comience por hacer una lista de todas las expectativas que recuerde y piense en cómo reducir la "brecha" entre esas expectativas y la realidad. (Muestro cómo hacerlo en mi libro *Your Relationship with God* [Su relación con Dios]). Cuando su experiencia se acerca a lo que usted esperaba, se siente más fuerte y más contento, y ese contentamiento refuerza su capacidad de seguir amando. Pero a menos que hable sobre estas cosas y saque sus expectativas a la superficie, puede que su pareja no sepa lo que usted quiere, y que se encuentre frente a una brecha entre lo que usted quiere y la realidad, que lo deja sin fuerzas.

A medida que comience a comprender lo que Dios espera de usted y de su matrimonio, el Espíritu Santo le mostrará las áreas de su vida que debe cambiar y le dará la convicción de que debe cambiar. Recuerde que no le corresponde a usted cambiar a su cónyuge. Pero Dios le da el poder para que cambie su propia vida. En cuanto a los demás, crea y confíe que Dios hará lo que usted no puede hacer y trabajará en sus vidas para que alcancen madurez y sean transformados.

Después de ajustar sus expectativas, es necesario que busque la manera de poner en práctica los cambios que hizo. A continuación le presentaremos tres principios que le ayudarán a mantener expectativas saludables respecto de su relación matrimonial.

## Principio 1: Recargue las baterías de su vida en forma regular

Hace algunos meses, (Gary) compré una autocaravana usada. Mi esposa y yo lo hablamos bastante la semana antes de comprarla. Nos divertía soñar juntos sobre cómo usaríamos la autocaravana para pasar más tiempo con nuestra familia. La usaríamos para viajar con nuestros nietos. Nos escaparíamos algunos fines de semana al lago Taneycomo o al lago Table Rock. Compraríamos un pequeño terreno, estacionaríamos allí, caminaríamos hasta el agua y nadaríamos con nuestros nietos. Hasta nuestros hijos la podrían usar. Después de haberlo hablado lo suficiente, estaba convencido de que ambos estábamos listos para comprar una autocaravana.

Mientras visitaba Springfield, Missouri, aproveché un tiempo libre para ir hasta un concesionario de autocaravanas. Me interesé por una de segunda mano que tenía el motor nuevo. Noté que era de 1991, pero rápidamente pensé que si tenía el motor nuevo, el año en verdad no importaba mucho. El vendedor abrió la puerta y me dejó entrar. Me encantó. La habían remodelado por dentro. Y pensé: *¡Vaya, es esta!* El vendedor negoció conmigo un precio sorprendentemente bajo y me convenció. Me imaginaba la sonrisa que tendría Norma cuando estacionara esa nueva adquisición frente a nuestra casa. Estaría emocionada. Correría a mis brazos, y yo le mostraría mi maravillosa adquisición. Nuestros sueños se harían realidad.

Le entregué un cheque al vendedor y, después de firmar algunos documentos, me senté detrás del volante. Me sentía genial al salir del estacionamiento conduciendo nuestra autocaravana. Pero a los pocos kilómetros, tuve las primeras sospechas de que algo no estaba bien. El motor hacía un leve ruido anormal.

La reacción de Norma cuando estacioné frente a la casa fue más de horror que de alegría. *¡¿Qué había hecho?!* Ella quería saber qué se había apoderado de mí para que comprara una autocaravana de segunda mano tan repentinamente. Allí cambié de opinión.

"Lo siento —dije—. Pensé que te gustaría. Creo que existe una ley sobre automóviles defectuosos que nos permite devolverlo dentro de los tres días de la compra. Además, ya habíamos hablado al respecto. Soñamos juntos sobre cómo llevaríamos a nuestros nietos y pasaríamos la noche junto al lago. Me dijiste que sería divertido ir a algunos lugares apartados de Missouri que ni siquiera tienen un motel, sino ciertos espacios para acampar en alquiler. Pero dijiste...".

Fui a devolver la autocaravana al concesionario a la mañana siguiente. Pero el vendedor me informó que la ley sobre automóviles defectuosos no se aplicaba en Missouri.

¿Qué iba a hacer?

Pensé que la única opción que me quedaba era vender la autocaravana e intentar obtener el mismo precio, o uno cercano al que había pagado por ella.

Mientras tanto, le pregunté a mi hijo Michael:

—¿No quieres una autocaravana de segunda mano para ir a Houston para tu próximo seminario?

—¡Sería fantástico, papá! —respondió.

Sabía que si el viaje salía bien, él querría comprar el vehículo. El único problema con mi plan fue que, camino a Texas, la autocaravana se averió. Se había roto un pequeño cable de la transmisión. Dado que no tenía mucho tiempo para buscar un mecánico, tuvo que alquilar un automóvil para ir a Houston, dar el seminario y luego volver, y llevar a reparar la autocaravana. A duras penas llegó a casa. "¡Papá, detesto esa cosa!", dijo.

Mi plan estaba fracasando.

Así que la llevé al mecánico. Él notó que el motor necesitaba un arreglo menor. Pagué la factura y comencé a conducir por la ciudad nuevamente.

Después nuestra hija Kari nos pidió que le prestáramos la autocaravana. Con emoción acepté prestársela a ella y a su familia. Pero a las pocas cuadras de nuestra casa, se volvió a averiar en medio de una bocacalle.

Tuve que llamar a una grúa. Una vez reparada, ofrecí prestársela a Greg, mi otro hijo. Gentilmente se negó.

—¿No vas a usarla? —le dije a modo de reto.

—Nadie quiere usarla, papá —dijo—. A mi esposa no le gusta. A mis hijos no les gusta. Nadie ha tenido una buena experiencia con ella.

Finalmente Greg fue sincero y me aconsejó que me deshiciera de la autocaravana. Así que la hice arreglar y la vendí por mucho menos del precio que había pagado por ella.

Durante todo aquel tiempo, me sentí muy mal. Comencé a menospreciarme y a recriminarme por mi absurda decisión, hasta que me invadieron sentimientos de desánimo y desesperanza. Este modo de ver las cosas nos hizo desdichados a mí, a Norma y al resto de mi familia. Finalmente, tuve que renunciar a mi mentalidad, entregarle mi error y mi insensatez a Dios y pedirle que derramara de su gracia y benevolencia sobre mi vida.

Algunas de las expectativas más altas que poseemos tienen que ver con nosotros mismos. Sé que cada vez que no cumplo con mis propias expectativas, me siento tentado a menospreciarme con pensamientos negativos. Pero lo que estoy descubriendo es que debo tomar una postura diferente. He comenzado a reconocer esos momentos por lo que son: una oportunidad para festejar mi debilidad. Las Escrituras nos recuerdan: "...Bástate mi gracia; porque mi poder se perfecciona en la debilidad..." (2 Co. 12:9). Nuestras debilidades son una oportunidad para que Dios se glorifique. De hecho, la fortaleza de Dios se perfecciona cuando somos débiles. Cuando me doy cuenta de esto, puedo tener una perspectiva menos negativa de mis defectos. ¡Y Norma puede decirle que me convierto en una persona mucho más agradable!

¡El estrés saca lo peor de nosotros! No es sorprendente que el estrés provenga de nuestras expectativas insatisfechas. Uno de los mayores causantes de estrés en mi vida tiene que ver con el tiempo. Tengo una tendencia a ponerle límites de tiempo a todo: mis horarios, mis proyectos, mi trabajo. Pero estoy aprendiendo a cancelar esos límites de tiempo autoimpuestos; y cada vez que lo hago, mis niveles de estrés disminuyen instantáneamente. Cada vez que me doy más tiempo para hacer las cosas, disfruto mucho más del proceso.

Hace algunos años, hice una lista de expectativas para mi vida. Escribí cuatro páginas y media. Luego tomé esas páginas llenas de expectativas y las puse a los pies de Jesucristo. Le dije a Dios que, a pesar de todos mis demás intereses, todo lo que verdaderamente quería era su presencia, sus palabras vivas y poderosas, y la plenitud del Espíritu Santo en mi vida. Cuando el Espíritu de Dios y sus palabras llenan mi vida, tengo acceso a poder ilimitado, amor ilimitado, satisfacción ilimitada y vida ilimitada. ¿Qué más podría esperar o necesitar en verdad?

Cada vez que pongo mis expectativas a los pies de Jesucristo, puedo renunciar a las pequeñas cosas y concentrarme en Él. Sigo teniendo enormes expectativas, pero ahora están todas puestas en "...las cosas de arriba, no en las de la tierra" (Col. 3:2). Me encanta ver cómo la fidelidad de Dios trabaja en mi vida cuando descanso en Él y su Palabra, en el poder de su Espíritu. No es una expectativa utópica; para mí ha llegado a ser una realidad. Él es mi vida, y casi un centenar de los versículos bíblicos más importantes han quedado grabados a fuego en mi corazón al memorizarlos y meditar en ellos varias veces al día. Nada me ha transformado tanto ni me ha dado mayor satisfacción que meditar en su Palabra y descansar en Él todos los días.

## Principio 2: Decida disfrutar de la vida, aunque sus expectativas no se cumplan

Volvamos a analizar las expectativas del capítulo 1 para distinguir entre las expectativas comunes y las que son guiadas por preceptos o principios de las Escrituras. El dicho favorito de mi padre cuando yo (Ted) era niño era: "No somos pesimistas, sino realistas". En otras palabras, solo vemos la vida tal como es y nada más.

¿Se consideraría usted un optimista? ¿O un pesimista? O tal vez pertenezca a la categoría de realista. La mayoría de nosotros llegará a un momento de la vida en que se dará cuenta de que la vida es dolorosa y decepcionante. Reconocemos que no todos nuestros sueños se harán realidad. Pero aunque no todas las expectativas que llevamos al matrimonio se concreten, igual podemos disfrutar de la vida. Podemos disfrutar de nuestro matrimonio y tener nuevos sueños.

Es inevitable tener cierto grado de desilusión en la vida. Todos sufrimos el dolor de las expectativas insatisfechas en alguna medida. ¿Cuánto dolor ha experimentado en su vida? Salomón conocía este tipo de dolor:

> *"Palabras del Predicador, hijo de David, rey en Jerusalén. Vanidad de vanidades, dijo el Predicador; vanidad de vanidades, todo es vanidad. ¿Qué provecho tiene el hombre de todo su trabajo con que se afana debajo del sol? Generación va, y generación viene; mas la tierra siempre permanece. Sale el sol, y se pone el sol, y se apresura a volver al lugar de donde se levanta. El viento tira hacia el sur, y rodea al norte; va girando de continuo, y a sus giros vuelve el viento de nuevo. Los ríos todos van al mar, y el mar no se llena; al lugar de donde los ríos vinieron, allí vuelven para correr de nuevo"* (Ec. 1:1-7).

Vuelva a leer esta frase del pasaje citado de las Escrituras: "Generación va, y generación viene; mas la tierra siempre permanece". Usted y yo estamos aquí en la tierra apenas por un corto período de tiempo. Como mucho, podemos aliviar el dolor, pero no podemos eliminarlo.

El ser humano siempre ha buscado la forma de no reconocer que la vida es dura. Buscamos la felicidad de distintas maneras. Algunos están constantemente buscando la relación perfecta y cambian a una nueva relación cada vez que se sienten decepcionados o heridos.

Si usted intenta llenar su vida cambiando de una relación a otra para resolver el problema de las expectativas frustradas, entonces sabrá también que no resuelve el problema de raíz... que la vida es dura. Salomón tuvo cientos de esposas y cientos de concubinas. (¡¿En qué rayos estaría pensando?!) Pero ni todas esas relaciones pudieron darle satisfacción.

Algunos intentan llenar su vida con dinero. Algunas de las personas más infelices que he conocido son personas que tienen mucho dinero. El dinero no resuelve los problemas de la vida. Tener más cosas no soluciona el problema de la vida. Tanto ricos como pobres se enferman de cáncer.

Salomón fue rey de Jerusalén. Tenía posición, prestigio y dinero y todas las cosas que una persona pudiera desear; sin embargo, ¿sabe qué dijo al respecto? Al final se dio cuenta de que buscar todas esas cosas es "vanidad de vanidades, todo es vanidad".

Entonces, ¿dónde encontramos el sentido? ¿Dónde encontramos el propósito? Salomón nos da ejemplos de la naturaleza. La naturaleza seguirá su curso. Este mundo seguirá su curso. La vida seguirá su curso… mientras esté en esta tierra y después que muera. No hay nada en esta tierra que pueda darnos verdadero propósito, nada que esta tierra o esta vida tengan para ofrecer. Debe haber algo más de lo que ya hemos intentado.

Camine por cualquier campus universitario y encontrará un edificio tras otro con un nombre en la entrada. Usted no tiene ni idea de quién fue esa persona o qué hizo para ganarse un lugar de reconocimiento. En algún momento, fueron populares. En algún momento, fueron conocidos.

La mayoría de los bancos tiene una placa con el nombre de alguna persona, que indica cuándo se construyó el edificio y cuándo se inauguró. De todas las veces que entré a un banco, nunca escuché que alguien dijera: "¡Vaya! ¡Fulano de Tal estuvo aquí cuando se inauguró este edificio en 1952!". ¿Sabe por qué? No nos importa verdaderamente. ¿No leyó lo que Salomón dijo: "No hay memoria de lo que precedió, ni tampoco de lo que sucederá habrá memoria en los que serán después. Todas las cosas son fatigosas más de lo que el hombre puede expresar"?

Por lo tanto, ¿dónde encontramos la máxima realización? Si no es en nuestro nombre, nuestro dinero, nuestras relaciones o nuestros triunfos, ¿dónde se encuentra?

# Principio 3: Nunca pierda de vista la fuente de la vida

Su relación con Cristo es la mejor fuente de vida que puede tener. Puede esperar lo mejor cuando Él es la fuente de su realización personal. "Sean vuestras costumbres sin avaricia, contentos con lo que tenéis ahora; porque él dijo: No te desampararé, ni te dejaré" (He. 13:5). Nuestro estado de ánimo cambia. Nuestros ingresos fluctúan. Nuestro nombre es manchado con la calumnia. Si nos aferramos a esas cosas en vez de aferrarnos a la verdadera fuente, caeremos en el desencanto y la desilusión. Pero, dado que Dios es fiel, Él llenará su vida con toda su plenitud... ¡puede estar seguro de ello! Cristo dice que si busca de Él y su justicia, y se humilla (admite su necesidad espiritual), Dios nunca lo decepcionará y llenará su vida hasta que rebose de milagros inimaginables.

Recientemente, nuestros amigos de la banda de rock/música cristiana contemporánea *Rush of Fools* recibieron una nominación para cuatro premios Dove. Todos esperábamos grandes cosas de ellos. La noche que se entregaron los premios, le envié (Ted) un mensaje de texto a Kevin Huguley, el líder de la banda. Solo le puse: "¿Cómo va la noche?". Su texto de respuesta decía: "No recibimos nada. Dios es soberano". Después le conté la historia de cuando gané el *American Legion School Award* [reconocimiento al valor, honor, liderazgo, patriotismo, estudio y servicio a estudiantes de escuela secundaria de los Estados Unidos] en mi graduación de la escuela secundaria en 1992. Ni una palabra se ha dicho desde el día que recibí ese reconocimiento.

Cuando yo (Gary) gané dos premios del nivel de los Oscar, tanto en el mundo como en la Iglesia, ninguna persona me pidió jamás que le mostrara esos premios en mi oficina. Ni siquiera pienso en ellos. ¡Cielos, con qué rapidez lo olvidamos! Cuando intentamos ser la fuente de nuestra realización personal, debemos aprender a reírnos y relajarnos. En realidad existe una sola fuente. Todo en la vida consiste en nuestra relación con Dios y con nuestros semejantes. Nada importa más que el amor que Él nos da para que lo amemos más y nos amemos unos a otros. No hay dinero, cosas o éxitos que pueden equipararse a nuestra relación de amor con nuestro Creador y nuestros semejantes.

Cuando Lloyd C. Douglas, autor de *El manto sagrado* y otras novelas, estudiaba en la universidad, vivía en una pensión. En la planta baja de aquella pensión, vivía un anciano profesor de música retirado. Estaba delicado de salud y no podía salir del departamento. Douglas decía que cada mañana realizaban un ritual con aquel anciano profesor. Douglas bajaba las escaleras, abría la puerta del cuarto del anciano y le preguntaba: "Y... ¿cuáles son las buenas nuevas?". El anciano tomaba su diapasón, le daba un golpecito contra el costado de su silla de ruedas y decía: "¡Esto es un do central! Fue un do central ayer; será un do central mañana; y será un do central dentro de mil años. El tenor del piso de arriba canta un semitono más abajo, el piano de enfrente está desafinado, ¡pero esto es un do central, amigo mío!".[1]

El anciano había descubierto algo en lo que podía confiar, una realidad constante en su vida, un punto inmóvil en un mundo que giraba. El único punto inmóvil en un mundo que gira, el único absoluto en el cual no hay sombra de variación, es Jesucristo (ver Stg. 1:17).

¿Qué ha descubierto que es constante en su vida? Su pareja cambiará, para bien o para mal. Usted cambiará. Sus finanzas cambiarán. Su salud cambiará. Pero Cristo nunca cambia.

Cada mañana, y a lo largo de todo el día, me centro en la realidad de Jesucristo. Eso no quiere decir que viva abstraído de la realidad de los problemas y las presiones de la vida. Estoy totalmente comprometido con la vida y con mi relación con los demás. Pero dado que vuelvo a enfocarme en Cristo tantas veces como puedo, nunca he dejado de estar lleno de paz, gozo, amor y gratitud; y nunca he dejado de sentir su vida abundante. A continuación le mostraré mi manera de meditar en el Señor y su Palabra:

1. Me despierto cada mañana y admito mi necesidad espiritual, y le agradezco por darme más de su Reino de amor y poder. (Ver Mt. 5:3; Stg. 4:6; Mt. 22:37).

2. Agradezco a Dios por enviar a su único Hijo para salvarme y darme una vida abundante, poderosa y llena de amor a través de Él. (Ver Ro. 10:9-10; Ef. 2:8-9). Y porque me da el regalo de su gracia (amor y poder), aunque no soy digno.

3. Agradezco a Jesús por enviarme su Espíritu Santo para recordarme lo que nos dijo cuando vivió en la tierra, y capacitarme para vivir y actuar como Él. (Ver Hch. 1:8).

4. Le agradezco por las decepciones, las pruebas y cualquier dificultad que tenga que enfrentar o esté enfrentando actualmente. (Ver Ro. 5:3-5; 2 Co. 12:9-10; 1 Ts. 5:16-18; Ro. 8:28).

5. Agradezco a Dios porque Él me da su amor y poder para cumplir con la tarea más importante del ser humano: amar y servir a los demás así como amo mi propia vida. (Ver Mt. 22:39; Gá. 5:13-14).

Esperar lo mejor comienza con un firme fundamento en Cristo. ¿Cuál es el fundamento de su vida?

En el próximo capítulo, veremos el poderoso resultado de practicar un amor extraordinario en el matrimonio. Conocerá tres maneras específicas de intensificar la fragancia del amor en su matrimonio y le daremos una lista de más de treinta ideas de cómo tener actos de bondad espontáneos hacia su cónyuge.

# PREGUNTAS Y RESPUESTAS

Esta pregunta la envió a nuestro sitio de la Internet una mujer que tiene dificultades con su peso y la manera en que este afecta la relación con su marido.

*P:* *Mi esposo (36) y yo (40) estamos casados desde hace seis años y ambos participamos muy activamente en nuestra iglesia. Desde que nos casamos, estoy luchando con el aumento de peso. Mi esposo se ha vuelto muy distante y se ha sincerado al decirme: "¡Tienes que bajar de peso! ¡No me gusta!". Me esfuerzo mucho por comer alimentos saludables y alejarme de la comida chatarra el 95% del tiempo. Sé que no he hecho suficiente ejercicio, pero comencé a ir al gimnasio a diario hace dos semanas. Mi esposo ve que lo estoy intentando, pero sigue distante. No deja de hacer referencia a las mujeres jóvenes y atractivas con las que trabaja y ya no me trata como antes. Perdí totalmente mi autoestima. Oro, oro y sigo orando. ¿Qué más debo hacer? Él me jura que no hay otra mujer. ¡Estoy triste y confundida!*

*R:* Comencemos por decir que usted y su peso no son la cuestión central aquí. Tanto la vida sana como el cuidado del cuerpo son cosas buenas. Pero, por lo que usted describe, su salud no es lo que más le preocupa.

Cuando decimos que un problema no es el problema, lo que queremos decir es que existe una emoción oculta detrás del problema. Por ejemplo:

- ¿Su esposo se *preocupa* por su salud y su calidad de vida?
- ¿Se *avergüenza* de que lo vean con usted?
- ¿Se siente *incómodo* al hacer el amor con usted?
- ¿Está *distanciado* porque le interesan otras mujeres?

Su peso no es el verdadero problema. La realidad es que usted podría perder peso y ponerse un vestido de menor talla, y es posible que él siga sin tener interés en usted, en especial si está ligado emocionalmente a otra mujer. Su esposo debe ocuparse de sus propios problemas y de su corazón. Todo lo que yo puedo hacer es ayudarle a trabajar con su corazón. No permita que el corazón de su esposo le impida crecer en el Señor. Como hija de Dios, usted tiene un Padre que la ama, y su amor no se basa en lo que dice la báscula de su baño.

Usted y yo tenemos que tomar la misma decisión, y de la decisión que tomemos dependerá en gran medida si gozaremos de relaciones profundas y satisfactorias, o superficiales y decepcionantes. Es de suma importancia que cada uno de nosotros asuma la responsabilidad personal de nuestra manera de pensar y responder en nuestras relaciones.

Por naturaleza, la mayoría de nosotros quiere culpar a los que nos ofenden. Nos esforzamos mucho por hacer que cambien su manera de tratarnos. Intentamos manipularlos de varias formas negativas. Al final, nos sentimos heridos, maltratados, distantes y solos, y otra relación podría agravar trágicamente la realidad que vive.

Asumir su responsabilidad personal significa negarse a pensar en lo que su esposo hizo o dijo. Usted no puede cambiar la manera de pensar de él con respecto a su peso, así como él no puede cambiar lo que usted pesa.

Pida consejo a sus pastores, a los líderes de su grupo hogareño o a un consejero profesional para que le ayuden a resolver estos asuntos. Pídale a Dios que le ayude a hacer caso omiso de las voces interiores que le dicen mentiras sobre usted misma ¡y sepa hoy que Dios la ama incondicionalmente!

# CAPÍTULO 7

# AMOR EXTRAORDINARIO

Hemos hablado mucho sobre las expectativas que llevamos al matrimonio y cómo estas pocas veces coinciden con la realidad de nuestra experiencia. Si usted volviera a repasar la lista del capítulo 1, le preguntaría cuántas de esas expectativas tenían que ver con recibir en vez de dar algo en su matrimonio. Si John F. Kennedy expresara el principio fundamental del matrimonio, sería: "No pregunte qué puede hacer su cónyuge por usted, sino qué puede hacer usted por su cónyuge".

La lista de expectativas más positivas que puede tener estaría basada en la acción de dar en su matrimonio. Por lo tanto, debe comenzar una nueva lista de expectativas que tenga que ver con aquello que usted espera darle a su pareja.

Hace algunas semanas, el banco me envió una nueva tarjeta de débito. La guardé en mi billetera. Más tarde durante el mismo día, la saqué y se la di a un empleado. La transacción fue rechazada. ¿Por qué? Porque tenía que activar la tarjeta antes de poder usarla. Creo que es una buena ilustración para mi propia vida de fe. Muchas veces, Dios desea darme algo; pero no lo recibo por no clamar a Él por su poder y fortaleza. En lugar de ello, tan solo creo que cada vez que necesite algo estará a mi disposición. Por lo tanto, soy independiente en vez de depender de Dios.

Todas las cosas buenas vienen de lo alto. Dios es la fuente de nuestra fortaleza, nuestra esperanza y nuestro crecimiento. Además Dios es la fuente del amor, porque Él es amor (ver 1 Jn. 4:16). Ahora bien, de todas las cosas que Dios nos da, se considera que el amor es la mayor, y se supone que los que profesan ser seguidores de Jesucristo deben caracterizarse por ese amor. Estamos llamados a amar incondicionalmente, en el matrimonio y en otras relaciones.

Una de las mayores oportunidades de amar sin condiciones sucede cuando nos encontramos frente a expectativas insatisfechas. Pero una noticia aún mejor para los seres humanos es que no tenemos que usar nuestro propio amor "raquítico". Se nos manda que amemos a Dios con todo nuestro corazón, toda nuestra alma y todas nuestras fuerzas; pero no tenemos que emplear el amor humano. El segundo más grande mandamiento, el mandamiento que abarca todos los demás, es amar a nuestro prójimo como a nosotros mismos; ¡pero no hace falta que hagamos uso de nuestro amor mezquino! Tenemos la oportunidad de usar el amor de Dios, dado libremente a cualquiera que se humilla ante Él. Dios dice que cuando admitimos ser "pobres en espíritu", de nosotros es el Reino de los cielos (ver Mt. 5:3): Él nos da su poder y su amor. Eso es lo que expresan las Escrituras al decirnos que Dios da mayor gracia (la gracia del poder y amor de Dios sin merecerlo) al humilde (ver Stg. 4:6). Los humildes son aquellos que reconocen y admiten que están necesitados del amor del Padre, incapaces por sí mismos de contener ese amor o perdidos sin él.

Para el humilde, la gracia es una de las verdades más importantes de toda la Biblia. Cuando nos damos cuenta de que Dios quiere darnos su amor inmenso y abundante, todo lo que tenemos que hacer es reconocer lo evidente: los seres humanos no podemos amar como Dios ama; por lo tanto, necesitamos su amor en nosotros para llevar a cabo su voluntad más importante: ¡amar a Dios con todas nuestras fuerzas y amar a los demás del mismo modo que queremos que nos amen! ¿No es asombroso? Por lo tanto, de ahora en adelante, cuando mencionemos en este libro cuán poderoso es el amor en su relación tanto con Dios como con sus semejantes, queremos que sea consciente de que no estamos hablando del amor humano. Estamos hablando del amor abundante que Dios le da sin medida.

Cuando se incline a sentirse herido o decepcionado, decida practicar el amor que Dios le da; este tiene un poder transformador que las personas no pueden dejar de notar. Es un amor extraordinario y generoso. Esta es la clase de amor que tiene que infundir a su matrimonio. Veamos primero algunos ejemplos de amor extraordinario en la Biblia; después le daremos tres ideas sobre cómo infundir a su matrimonio la clase de amor que Dios ha diseñado para este.

## Amor extraordinario

¿Sabía que su matrimonio es, de hecho, un testimonio al mundo sobre Dios? Juan 13:35 dice: "En esto conocerán todos que sois mis discípulos, si tuviereis amor los unos con los otros". Note que no existen excepciones a la frase "unos con los otros". Esto quiere decir que el amor que usted tiene por su cónyuge demuestra al mundo que es un discípulo de Cristo. En otras palabras, las personas observan su manera de vivir.

Uno de los ejemplos más memorables de amor, que se relata en los Evangelios, está en Juan 12. Leemos que seis días antes de la Pascua, Jesús llegó a Betania y finalmente fue a la casa de Lázaro. Ahora bien, Jesús había resucitado a Lázaro, y habían preparado una cena en honor de Jesús.

Quiero que se imagine la conversación en aquella mesa. Alguien se dirige a Lázaro y le pregunta:

—Oye, ¿cómo te fue en la semana?

Y Lázaro le responde:

—Bueno, el martes caí muerto y estuve en la tumba algunos días. Después, el fin de semana, Jesús me levantó de la muerte. ¿Puedes pasarme la sal, por favor?

Durante todo ese tiempo, su hermana Marta sirve la comida.

En medio de ese escenario, su hermana María toma un perfume costoso, fabricado con esencia de nardo; una fragancia que proviene de la raíz de una planta que se cultiva en el norte de la India. No es el tipo de producto que se suele tener en cantidad por casa. Ella abre el frasco y se dispersa la fuerte fragancia. Después unge los pies de Jesús con el perfume y los seca con su cabello.

Si alguna vez presenció un gesto de amor desmedido, sabe que es algo embarazoso. Para empeorar las cosas, lo que hace María es tabú. En aquella cultura, la única persona para la cual una mujer podía soltarse el cabello era para su marido.

En el Cantar de los Cantares, uno de mis libros favoritos de la Biblia, la mujer va a la habitación nupcial y comienza a desvestirse (ver Cnt. 4). En el más íntimo de los actos, la relación sexual con su marido, lo primero que hace la novia es soltarse el cabello. Sus hermosos rizos caen, y el rey compara ese cabello con una manada de cabras que descienden de Galaad. Ahora bien, ese comentario podría parecer absurdo, pero su esposo había pasado tiempo en montañas rocosas. Había observado manadas de cabras descender por sus laderas. Por eso recuerda esa escena preciosa, mientras su esposa se suelta el cabello, y este cae sobre sus hombros.

Aunque el encuentro de María y Jesús no tiene que ver con la intimidad sexual, sigue siendo un encuentro íntimo. Y eso produce una sensación incómoda cuando se echan por tierra los tabúes culturales y se expresa un amor abundante.

Judas Iscariote dijo lo que pensaba. Cuestionó ese acto de amor y dijo que habría sido mejor vender el perfume y dar el dinero a los pobres. Pero Jesús defiende el acto de amor de María.

¿A qué personaje de esta historia —María o Judas— se parece más usted a la hora de expresar el amor en su matrimonio? ¿Muestra un amor sin medida hacia su pareja o está constantemente calculando el costo?

Demasiado a menudo escucho a las parejas hacer comentarios como estos:

"Mi esposo ya no me responde".

"En nuestro matrimonio, hemos caído en la monotonía".

"Ya no tenemos ningún deseo de atendernos uno al otro".

"Nuestro amor se enfrió".

Estos comentarios provienen de un matrimonio en el que las manifestaciones del amor de Dios ya no existen. La rutina de la vida ha creado un vacío donde debería existir intimidad. La rutina se ha interpretado como aburrimiento, frustración y una actitud de desánimo en la relación. Esto es lógico, dado que el amor humano se apaga, pero el amor de Dios se incrementa en intensidad y dedicación.

Yo (Gary) he notado durante los últimos cuatro años de qué manera mi amor y dedicación por Norma han aumentado drásticamente. Como nunca antes, siento inmensos deseos de complacerla. Estamos en el proceso de construir una casa nueva, y no puedo dejar de notar en qué medida he dejado de fastidiarla. Finalmente, en su sexta década, tiene la oportunidad de hacer del hogar su propio "nido" y comprar cosas que verdaderamente reflejen quién es ella. De alguna manera, siempre había interferido para asegurarme de que muchas de las cosas que tuviéramos en nuestra casa me reflejaran a mí; pero ahora no puedo evitar este nuevo deseo de ver que finalmente ella obtenga lo que tendría que haber estado dispuesto a darle durante todos nuestros cuarenta y tres años de matrimonio. Pero no me estoy forzando de manera alguna para tener esta nueva conducta o voluntad de complacerla. Me doy cuenta de que este nuevo amor y poder no proviene de mi interior, sino de afuera y día a día me está transformando.

# Maneras de buscar el amor de Dios

Espero que ahora se haya convencido de que es fundamental tratar de encontrar la manera de buscar el amor de Dios cada día, y a lo largo del día. Esta es la única manera de prodigar el amor de Dios a su cónyuge. ¿Necesita cambiar la fragancia de su matrimonio? Aquí le damos tres maneras de hacerlo:

### 1. Sorpréndase haciendo algo *inesperado*

Como María, cada uno de nosotros tiene la oportunidad de hacer lo inesperado por su cónyuge. Podemos sorprender a nuestra pareja e incluso dejarla sin habla con demostraciones de ternura, generosidad y amor.

Muchas veces las ocupaciones de la vida nos impiden amar verdaderamente a nuestro cónyuge y sorprenderlo con nuestras demostraciones. Sin embargo, si aminoramos la marcha y comenzamos a prestar atención, la mayoría descubrirá incontables oportunidades enfrente de nosotros. Como María, podemos tener oportunidades de prodigar amor a nuestro cónyuge sin pensarlo dos veces.

En ocasiones hacer algo inesperado significa sencillamente romper la rutina.

Cuando yo (Ted) salgo de casa por la mañana, por lo general lo hago en un momento de caos total. Besar a Amy es prioritario, pero no siempre fácil. A menudo ella está distraída. Pero hace algunas semanas, hicimos un gran progreso en cuanto a hacer algo inesperado. En nuestra negociación, le dije:

—Cuando me voy a la mañana, a menudo estás distraída, pero trato de no tomarlo como algo personal. No necesito una gran demostración de amor con bombos y platillos cuando me voy, pero sería bueno sentir un "Te extrañaré". ¿Qué puedo hacer para que mi salida de la mañana contribuya a ello?

Mi esposa no suele ser muy vehemente a la hora de expresar sus opiniones, pero cuando lo hace, no se guarda nada.

—Me alegro de que me hayas preguntado —dijo—. Hay unas cuantas cosas que podrías hacer en casa antes de irte. No son cosas de mucha importancia, pero son gestos pequeños y simples que muestran que te importo. ¿Quieres que te comente algunos?

—Seguro —respondí.

¿Qué más podía decir? Así que me preparé.

—Si pusieras los platos en el fregadero después del desayuno, me ayudaras a levantar a los niños o te fijaras si necesitan algo antes de irte, eso sería de gran ayuda —dijo Amy.

Entonces caí en la cuenta. Cada vez que salía a la mañana, me ocupaba solo de mis cosas: asegurarme de guardar todo en el maletín, buscar mis llaves, buscar mi billetera y servirme la taza de café para llevar. Lo que Amy me pedía no eran cosas tan esenciales, pero sus sugerencias expresaban: "¡No todo se trata de ti, Ted!". Amy se ocupa de tres personas todas las mañanas, cinco de cada siete días de la semana, en tanto que yo me ocupo de una sola persona: yo mismo. Que le preguntara a Amy qué podía hacer para ayudarla por la mañana es una prueba de que Dios me está dando el deseo y la capacidad de cambiar.

Decirle a Amy: "¿Hay algo que yo pueda hacer por ti antes de irme?" fue como escucharla a ella decir: "Ted, tienes que llamar a algunos amigos para ir a pescar". Todo cambió. ¿Por qué? Porque fue totalmente inesperado. ¿Quiere avanzar un paso más conmigo? Cuando hago algo sin siquiera esperar a que ella me lo pida... *¡Wow!* ¡Ahora ella está bien predispuesta con el sexo! Ya no usamos las palabras "juegos preliminares" en nuestro hogar. La reemplazamos con juego de las tareas domésticas, juego de escuchar, juego de comprender, juego de pasar tiempo juntos o... ¡usted me entiende!

*Advertencia:* Romper la rutina, ver si hace falta hacer algo e incluso preguntar de qué manera puede ayudar podría significar que deba levantar a su esposa del piso, después del desmayo que le produjo su sorprendente actitud.

## 2. Sorpréndase haciendo algo *inasequible*

Probablemente haya visto la serie *Extreme Home Makeover: Reconstrucción total*. Soy sumamente fanático de esa serie. Me encantó la primera temporada y me sorprendió el amor que se mostraba en la realidad. Ahora que pasaron algunas temporadas, la semana pasada me sorprendí mientras mirábamos con Amy un programa que habíamos grabado. Le dije: "¡Esta familia ni siquiera consiguió tener una piscina! ¿Les dieron una casa sin piscina? A la última pareja, le dieron un cheque de doscientos mil dólares, y a estas personas ni siquiera un automóvil o un cheque; ¡este programa debe tener un presupuesto inferior!".

Lo que me encanta de *Extreme Home Makeover: Reconstrucción total* no es su capacidad para construir una casa en siete días ni el grito del anfitrión: "¡Muevan... ese... autobús!". Para mí, es la generosidad extraordinaria que las familias experimentan y la tierna atención y preocupación que el equipo constructor les demuestra cuando comienzan a conocer a cada miembro de la familia antes de planificar y construir su casa. El equipo se las ingenia para construir algo que supere ampliamente las expectativas de cada uno. Es tan desmedido que a menudo nos quedamos pasmados ante tanta demostración de generosidad a nivel físico y relacional.

Hacer algo inasequible no significa vaciar su cuenta bancaria, sino destinar dinero a las necesidades y los deseos del otro en lugar de los propios. ¿Acaso Dios no actúa así? Él envió a su Hijo para vivir en esta tierra, enseñarnos su sabiduría eterna, sufrir y morir; y luego usó su eterno poder para vencer a la muerte de una vez y para siempre. ¡Eso es amor desmedido!

Lamentablemente, todos los días en las noticias vemos pruebas de la necesidad del ser humano de este "amor desmedido". La humanidad necesita desesperadamente el amor de Dios debido a su tendencia hacia el mal, y yo (Gary) lo experimenté de una manera muy personal hace algunos años. El 6 de octubre de 2004, a las 4:20 de la madrugada, se materializó el temor más grande de la vida de Norma. Podría haberle evitado aquella situación unos meses atrás si me hubiera tomado el tiempo de cumplir con una de las tareas de una lista de reparaciones, que Norma me había asignado, y que incluía reparar la cerradura de la puerta del garaje.

Yo estaba fuera de la ciudad. Norma estaba sola. Todo comenzó con un ruido de vidrios rotos. Ella saltó de la cama e inmediatamente comprobó que la puerta del dormitorio estuviera cerrada con llave. Y lo estaba. Poco después oyó más ruidos;

primero el sonido de alguien que gritaba; momentos más tarde, oyó el sonido de un canto espeluznante. Norma estaba aterrada.

En las primeras horas de la madrugada, un hombre había entrado en nuestra casa. Como supimos después, había tomado una sobredosis de metanfetaminas y estaba bajo los efectos de un episodio psicótico inducido por las drogas. (Un año después, lo enviaron a un asilo mental para delincuentes).

Este hombre había saltado de su balcón de cuatro metros y medio y se había quebrado el tobillo. Cruzó la calle renqueando y arrastrando el pie hasta que chocó contra la ventana de nuestro garaje. Al caer con fuerza sobre los vidrios rotos y los escombros, se hizo un corte bastante profundo; pero no sintió dolor debido a las metanfetaminas. Sangrando abundantemente, atravesó la puerta del garaje y entró en nuestra casa. Estaba convencido de que los demonios tenían la intención de matarlo, mientras corría alocadamente, volteaba los muebles y arruinaba toda la decoración. Desde el lugar donde Norma estaba escondida, el ruido parecía ensordecedor. Estaba segura de que él la encontraría; solo era cuestión de tiempo.

Cuando el miedo se apoderó de ella con más fuerza, instintivamente hizo tal cual habían enseñado los presentadores de un programa de entrevistas televisivas. Corrió al baño y se encerró en la zona del inodoro. El intruso tendría que atravesar tres puertas pesadas para llegar a ella. A continuación, Norma marcó el 911. (¡Cuánto agradezco haber instalado un teléfono en el baño!). A los tres minutos, había llegado un oficial de policía, pero no podía entrar en nuestra casa porque no estaba seguro de cuántas personas había dentro. Necesitaba refuerzos. Así que esperó frente a la casa la llegada de más oficiales.

Mientras tanto, Norma tuvo que soportar durante veinte minutos que aquel hombre gritara, entonara un canto escalofriante y destruyera nuestras cosas: fueron los veinte minutos más largos de su vida. Por momentos oía los gritos tan cerca que estaba aterrada de que pudiera atravesar la puerta e irrumpiera en nuestro dormitorio. "Está a punto de entrar, está a punto de entrar", le dijo llorando al operador del 911. El operador tranquilizó a Norma y le dijo que la policía estaba lista para intervenir si el hombre realmente entraba al dormitorio. Al final, aquel hombre enajenado se atrincheró contra sus demonios dentro del armario de un dormitorio del segundo piso; el cuarto que estaba justo encima de Norma.

Cuando la policía finalmente apresó al hombre, encontraron sangre en la manija de la puerta de nuestro dormitorio. Había llegado hasta allí, pero por alguna razón se detuvo. Norma cree que los ángeles de Dios estuvieron allí con los brazos extendidos y le ordenaron que se detuviera.

Aquella noche de octubre, los peores temores de Norma se hicieron realidad. Ella creía que estaba a salvo en nuestro hogar porque teníamos un sistema de seguridad de última generación. El único problema es que aquella noche no había activado el sistema.

Eso fue hace más de cuatro años, y Norma se sigue quedando intranquila cuando salgo de la ciudad. Por mucho tiempo después de aquel terrible episodio, me rogó que reforzáramos la seguridad alrededor de nuestra casa. Este ruego de mayor seguridad incluía reflectores que cubrieran cada pulgada de nuestro patio, luces en las cuatro esquinas de la casa y persianas en el dormitorio. En proporción al presupuesto de nuestro hogar, no era mucho dinero. Y calculamos que los reflectores con sensor de movimiento en las cuatro esquinas más o menos cubrirían toda la casa.

Al principio se me hizo pesado este proyecto. Fue durante un momento del ministerio en que estaba más tiempo fuera que en casa y, cuando estaba en casa, me ponía al día con libros y proyectos atrasados. Pero impulsado por el amor de Dios que había en mí, quise hacer algo por ella. Fue sencillo llamar a los electricistas y otros técnicos para que agregaran todo lo que Norma necesitaba para sentirse más segura.

A propósito, he visto que Norma busca más del amor y el

poder de Dios como resultado de este incidente. Está empezando a escribir su propio libro sobre cómo Dios nos da más de su gracia cuando atravesamos situaciones difíciles. La oigo cantar todos los días: "Este es el día que ha hecho el Señor... Me alegraré y me gozaré en él". Ha aprendido a estar mucho más agradecida por todo, incluso por la escoria de este mundo que nos afecta a todos de vez en cuando. Con cada dificultad, Dios les da mucha más paciencia, carácter piadoso y esperanza a aquellos que son agradecidos. Y la esperanza nunca avergüenza, porque Dios derrama sobre el agradecido más de su amor a través de su Espíritu Santo.

Nada dice "te amo" más fuerte que cuando usted le dedica tiempo a su cónyuge de manera extraordinaria. El entusiasmo por servirlo surge con el impulso del poder y amor de Dios en su vida. Su gracia obra en nosotros, aunque no la merezcamos; así es el amor de Dios. No tenemos que volver a pagarle ni ganarnos su amor de ninguna manera. ¿No es este un acuerdo excelente?

### 3. Sorpréndase haciendo algo *inmediato*

Una de las cosas que me encantan de la historia de María y el perfume que derramó a los pies de Jesús es la respuesta de Jesús a su extraordinario acto de generosidad. En Marcos 14:6-8, el Señor la defiende y dice: "Dejadla, ¿por qué la molestáis? Buena obra me ha hecho. Siempre tendréis a los pobres con vosotros, y cuando queráis les podréis hacer bien; pero a mí no siempre me tendréis. Esta ha hecho lo que podía; porque se ha anticipado a ungir mi cuerpo para la sepultura".

Observe que Jesús dijo que María "se [había] anticipado" a ungir su cuerpo para la sepultura. Creo que esas palabras ejemplifican de qué trata este principio que llamamos "hágalo ahora mismo". Significa no esperar para hacer lo que puede hacer ahora. María dio lo que tenía y lo que podía dar en ese mismo momento. El resultado fue un gesto de amor extraordinario, extremo y desmedido. Procure hacer lo que es bueno y necesario sin demora.

La desidia es el enemigo de la intimidad. El mensaje que transmite es: "No me importas lo suficiente para dejar todo lo que estoy haciendo y hacer algo por ti". Ese favor inconcluso no tiene tanto que ver con la fecha de ejecución, sino más bien con el valor que usted le atribuye a la relación con la persona que le pidió dicho favor.

Otra dura lección que aprendí en los inicios de nuestro matrimonio (Ted) fue cómo encargarme de los mandados. Cuando Amy me llamaba y me decía que necesitaba que le trajera algo cuando volviera del trabajo, solía responderle "¿No puede esperar?". Lo que Amy oía era: "¿No puedes esperar?".

Hace poco, nuestro hijo menor tuvo una infección de oído bastante fuerte. Lo habíamos llevado al médico, y estaba mejor, pero se estaba terminando la medicina. Amy me llamó al trabajo y me preguntó si podía pasar por la farmacia para comprar más. En vez de preguntarle si la medicina podía esperar hasta que yo regresara a casa, intenté decirle algo diferente. Sí, probablemente podía esperar, pero eso no era lo importante. Amy no necesitaba decir una palabra. Yo sabía qué tenía que decir. Así que le pregunté:

—¿Quieres que lleve el medicamento a casa para el almuerzo?

—No, puede esperar —respondió ella.

La presteza enciende la intimidad, porque transmite: "Eres importante para mí. Lo suficiente para dejar todo lo que estoy haciendo para servirte". Solo me ha llevado doce años y cientos de episodios de idiotez aprender esta lección.

No espere a que se cumplan todas sus expectativas para expresarle amor a su cónyuge de manera extraordinaria. Antes bien, prodíguele amor a su cónyuge sin demora. ¡Se sorprenderá al ver los resultados! Y, si puede, hágalo incluso antes de que Dios derrame de su amor especial sobre su vida, porque después sentirá tanto amor que por momentos se sorprenderá. Conozco algunas personas que no quieren cambiar y amar a otros hasta que lo "sientan". Usted debe hacer lo que es bueno, lo sienta o no.

# Actos de amor inesperados, inasequibles e inmediatos

1. Pregúntele a su esposa si necesita ayuda con algo antes de salir de la casa.

2. Tome la iniciativa de realizar uno o dos quehaceres domésticos.

3. Tómele la mano mientras caminan por el estacionamiento.

4. Ábrale la puerta del automóvil.

5. Acomódele la silla a su esposa al sentarse a una mesa.

6. Abrace y bese a su esposa antes de irse o cuando llega a casa.

7. Venda por la Internet algo que atesoraba, pero que ahora está juntando polvo, y entréguele a su esposa el dinero para comprar lo que ella quiera.

8. Organice y haga una "venta de garaje" para darle dinero a su esposa para la ropa de la próxima temporada.

9. Use las millas acumuladas en su aerolínea para invitar a su cónyuge a acompañarlo en su próximo viaje de trabajo.

10. Ofrezca quedarse con el automóvil de su cónyuge, para que él o ella se quede con el modelo más nuevo (aunque después fueran a cambiar el de usted).

11. Deténgase en el lavadero de automóviles durante treinta minutos y pida un servicio de lavado completo para el vehículo familiar.

12. Llame antes de llegar a casa para preguntar si necesita algo de la tienda.

13. Prepare un baño para su pareja.

14. Ofrézcale una relación sexual rápida a su esposo.

15. Llegue a su casa con una flor. La mayoría de los hombres cree que se necesita una docena de flores para lograr esa reacción de asombro, pero casi siempre una flor es igual de eficaz.

16. Contrate a una persona para que haga una limpieza profunda de la casa de vez en cuando.

17. Contrate a un jardinero para que corte el césped y saque la maleza.

18. Contrate a una persona para que limpie las ventanas exteriores.

19. Contrate a una persona para esos pequeños arreglos de la casa que ha prometido arreglar.

20. Llévese a los niños a pasar la tarde fuera para que su cónyuge pueda descansar y relajarse en casa.

21. Haga un quehacer doméstico que haya sido responsabilidad de su cónyuge durante años.

22. Llévese el automóvil de su cónyuge para hacer los mandados del domingo o ir a la iglesia, de manera que pueda llenar el tanque de gasolina para la semana entrante.

23. Prívese del café que suele tomar afuera; limítese al café regular en su casa. Con el dinero que ahorre, compre una ronda de golf o un tratamiento en un *spa* para su pareja.

24. Organice una escapada de fin de semana. Todos los sitios de viajes en la Internet disponen de ofertas de última hora. La espontaneidad combina lo inesperado con lo inmediato.

25. No subestime la importancia de salir de la rutina cuando salgan por la noche. No se limiten a ir al cine o a un restaurante. Visiten un criadero de peces (algo muy popular para hacer en Missouri), hagan una excursión a una bodega (si hay alguna en su zona) o visiten un museo.

26. Planee una salida de todo un día, no solo de una noche. Alquile un yate en un embarcadero local. Un viaje de dos horas en automóvil no es una mala idea. Lleve un almuerzo o cena, y coman mientras pasean por la costa.

27. Prueben un deporte que nunca practicaron. Los bolos, el tenis, las caminatas o la pesca son actividades con un precio razonable.

28. Recorran las casas en venta de su zona. Las casas modelo de las nuevas construcciones son una excursión divertida y gratuita. Además, es una excelente manera de obtener ideas sobre decoración.

29. Alquile la película favorita de su pareja y prepare palomitas de maíz.

30. Lleve a su pareja a uno de sus lugares preferidos y pídale que le cuente qué quisiera que pasara para que este año fuera su año favorito.

31. Haga alguna manualidad que a su pareja le guste mucho.

32. Conversen sobre algún área de desacuerdo y determinen previamente que seguirán enfocados en la conversación hasta que ambos estén conformes con la solución que pensaron juntos.

33. Encárguese de algún desperfecto de su casa que su pareja indicó que debían arreglar y deje que él/ella descubra que usted lo arregló.

34. Pídale a su pareja algunas ideas de salidas o actividades, para llevar a cabo en algún momento futuro como una sorpresa.

Nuestros caminos son muy diferentes a los de Dios; los de Él son más altos y mejores. Si comprendemos esto, podemos decidir demostrar interés y afecto antes de que comencemos a ver el amor y el poder de Dios fluir a través de nosotros. Recuérdelo, Él solo le da su gracia al humilde. Me encanta esto, porque mi naturaleza ni siquiera se acerca a sus caminos, por ello necesito su amor y su poder todos los días para estar listo para amar a los demás y hacer frente a la adversidad.

Ahora que le hemos dado una visión global de cómo desatar el amor en su relación, ha llegado el momento de analizar el corazón de un cónyuge amoroso. En el próximo capítulo, veremos algunas cuestiones problemáticas, incluido cómo puede funcionar bien la sujeción en un matrimonio. Tanto hombres como mujeres inician una relación con expectativas de orden y compañerismo. Cualesquiera que sean los roles que han establecido en su matrimonio, descubrirá diez acciones que honran a su cónyuge.

## PREGUNTAS Y RESPUESTAS

Esta pregunta la envió a nuestro sitio de la Internet un marido que no sabe cómo encontrar el equilibrio entre la familia y el trabajo.

*P: Mi esposa dice que me gusta más ir a trabajar que estar con la familia. Cree que el lema de mi vida es: "Primero mi carrera, segundo mi familia". Soy el principal proveedor de la casa. ¿Cómo encuentro el equilibrio entre el trabajo y la familia?*

*R:* ¡Encontrar el equilibrio en todos los aspectos de la vida puede ser bastante difícil! He tenido conversaciones similares con mi esposa durante estos años.

Para que mi esposa y mis hijos sepan cuán importantes son para mí, he dado los siguientes pasos:

1. *Todos los días, dígales a los miembros de su familia cuán valiosos son para usted.* Eso es muy simple y obvio. Usted podría suponer que ya lo saben. Pero ¡no suponga! Como una lámpara que no se enciende por un desperfecto en el circuito eléctrico, los miembros de la familia a quienes no se les dice que son valiosos nunca brillan. Hasta que usted restablezca el circuito con sus palabras, la luz de la honra tal vez nunca resplandezca en sus vidas.

2. *Haga un compromiso incondicional con su cónyuge y sus hijos para toda la vida.* Esta es la clase de compromiso que transmite: "Eres importante para mí hoy y siempre, pase lo que pase y cueste lo que cueste".

3. *Programe momentos especiales con su familia.* Dar una muestra de aprobación cálida y afectiva mediante su presencia y sus palabras no es algo que se dé naturalmente o "porque sí". Es algo que debe programarse y practicarse de manera regular —preferentemente varias veces a la semana—, porque su familia le necesita a usted, y usted necesita de su familia.

4. *Póngase a disposición de su familia, ya sea de manera programada o no.* Aunque cada uno de nosotros tiene una vida ocupada, habrá veces en que necesitemos dejar lo que estamos haciendo y ponernos a disposición de nuestra familia. Nuestra disponibilidad le expresa que la valoramos por sobre cualquier otra cosa y también nos permite aprovechar los momentos que suelen dejar una enseñanza.

Recuerdo un día, hace algunos años, cuando todo se derrumbó. Era un momento de mucha actividad en la iglesia, pero decidí irme a casa y almorzar con Norma. Con mucho entusiasmo, entré a la cocina y dije:

—¡Oye! ¿Qué hay para almorzar?

Cuando intenté abrazarla, ella se quedó dura y ni siquiera se dio vuelta.

—¿Qué pasa? —le pregunté.

—Nada que quieras escuchar —Se quedó de pie ante el fregadero, fría y distante.

Era como si la muerte estuviera parada ahí. Me senté, con ganas de comer, pero no cocinó nada.

—Vamos, dime qué pasa —repetí dos o tres veces.

Finalmente respondió:

—¿Qué sentido tiene? Nunca sirve de nada. Todo lo que haces es hablar, pero nunca cambias. Todo lo demás en tu vida es más importante que yo. Tu día de pesca, todos los jóvenes con los que trabajas, todos los miembros de la iglesia, todos los comités, el equipo de baloncesto, el edificio de la iglesia, incluso la televisión, todo eso es más importante que yo. Vienes a casa y actúas como si yo ni existiera. Te dejas caer en el sillón y miras televisión o lees el periódico. Después cenas, te vas a alguna reunión o cita y ni siquiera me das las gracias.

Estaba totalmente aturdido. Sí, ella había estado recordándome que pasara más tiempo con ella, pero no tenía idea de que había llegado a ese punto. Sus palabras me llegaron hasta la médula. Era un egoísta. Me había puesto a mí mismo en el centro del universo y esperaba que otros giraran alrededor de mí. Tenía una actitud como de "Quiero ser Dios". Quería ser venerado, admirado, adorado y bendecido por los demás. Esa actitud me llevó a quitar mi atención del hogar y ponerla en la iglesia, donde encontraba admiradores listos para ofrecerme elogios abundantes por la obra grandiosa que hacía para el Reino.

—Tienes razón —le dije a Norma—. Lo admito. He puesto todas las demás cosas de mi vida por encima de ti. Incluso la pesca es más importante que tú. Estoy muy avergonzado. Te prometo ahora mismo que te pondré primera en mi vida. Serás mi prioridad número uno; estarás por encima de mis amigos, la pesca, la consejería e incluso por encima de la iglesia. Tal vez pierda el trabajo por esto, pero está bien. Prefiero perder el trabajo que perderte a ti. Te ruego que me perdones. Si no puedes hacerlo todavía, lo entiendo. Esto no llegó a este punto de la noche a la mañana, y tal vez no creas que realmente puedo cambiar.

Aquel día le prometí que ella sería mi máxima prioridad, por encima de todo lo demás en la tierra. Pero cuando volví al trabajo, descendió sobre mí una nube negra y me di cuenta de que mi vida había terminado. No más pesca, no más trabajo hasta tarde, no más golf, no más fines de semana con mis amigos... estaba muerto. Quería llamarla cuando volviera de trabajar para decirle: "En realidad no quise decir que te pondría por encima de *todo*, sino de la mayoría de las cosas".

Pero por el poder y la gracia de Dios, logré cambiar. Cada mañana me levantaba y buscaba la manera de servir a mi esposa, de ponerla primero, antes que a todo lo demás. Desde ese momento, procuré quedarme en casa todas las noches. Si alguien me llamaba con un pedido ministerial que exigía que me fuera, decía: "Lo siento, hoy no puedo ir. Estoy con mi esposa y mi familia". Norma escuchó esas respuestas y, con el tiempo, comenzó a suavizar su actitud hacia mí.

No fue fácil. Tuve que tomar muchas decisiones difíciles; pero poner a mi familia en primer lugar fue una inversión que nunca lamentaré. Y no pasaron más que unos pocos meses después de tomar esta importante decisión, para que Norma comenzara a alentarme a que me dedicara más al trabajo, porque finalmente llegó a sentirse segura de saber que la amo más que a mi trabajo.

# CAPÍTULO 8

# EL SIERVO

Samuel es un obrero que trabaja mucho. Con la reciente expansión de las autopistas de su zona, estaba trabajando horas extras todos los días. Durante esos momentos económicos difíciles, el dinero extra ayudaba con los gastos de la familia.

Lucía es la comprensiva esposa de Samuel que tiene un trabajo a tiempo completo como vendedora. Su trabajo es estresante. Tanto Samuel como Lucía tomaron la decisión de que, por el bien de la familia, ella debía evitar trabajar horas extras. Su amor mutuo convirtió la vida hogareña, en gran medida, en un esfuerzo de equipo.

Lucía constantemente buscaba maneras de mostrar su amor y aprecio por Samuel que fueran inmediatas e inesperadas, pero accesibles. Ella hacía este esfuerzo desde un sentido de responsabilidad personal. Evidentemente sabía que estaba sola a la hora de buscar el poder de Dios para demostrar amor. No podía depender de sus padres, de Samuel ni de ninguna otra persona. Como fiel cristiana, dependía completamente del poder y el amor de Dios para amar a los demás. No pasa ni un solo día sin que se ponga de rodillas para pedir a Dios que infunda el aliento fresco de su amor en su vida.

Ella y Samuel son como muchas otras parejas que se casan sin la expectativa de que tendrán que trabajar muchas horas para llegar a fin de mes, que pasarán pocas horas en casa juntos o que estarán estancados en un trabajo estresante. Aunque esta es la realidad para la mayoría de las parejas, nunca es el plan matrimonial de nadie al comienzo.

Una de las manifestaciones de amor que Lucía tenía para con Samuel era empacar su almuerzo cada día. Ella le preparaba un excelente refrigerio y suficiente comida para que almorzara bien.

Su meta era que los compañeros de trabajo de Samuel lo envidiaran. Un día, Lucía tuvo la idea de escribirle una nota sencilla en la que le expresaba su amor y agradecimiento por todos sus grandes esfuerzos. Entonces la colocó entre las barras de cereal y el sándwich de carne.

Aquella noche, para su sorpresa, al abrir la refrigeradora portátil de Samuel, encontró una nota que decía: "¡A la mejor esposa del mundo! Gracias por alegrarme el día y esforzarte tanto por servirme cada día. ¡Te amo!".

La típica nota en la lonchera o el maletín no era nada nuevo, ¡pero el mensaje de respuesta sí! Aunque Lucía y Samuel han asumido sus roles en la relación, no dejan de valorarse. Siguen expresándose su aprecio y amor uno al otro. No podemos hablar de las expectativas sin hablar de los roles. Tenemos roles en el trabajo, en la iglesia y en la escuela. Sin embargo, cuando hablamos de roles en el hogar, la cuestión puede ser controvertida y complicada.

Le sugiero que lea el artículo de las páginas 161 y 162, que encontramos en una edición de la revista *Housekeeping Monthly* [Guía mensual del ama de casa] de 1955. ¡Yo (Ted) nunca me he reído tanto en mi vida!

En el resto de este capítulo, hablaremos del rol que cada cónyuge debe asumir en el matrimonio, que nada tiene que ver con el cargo en su puesto de trabajo. El rol que cada cónyuge debe asumir es el de siervo. Intentaremos explicar un tema bastante controvertido: el asunto de la sujeción y el servicio. Luego veremos diez maneras de mostrar aprecio y honra a su cónyuge.

---

**Expectativas negativas que los maridos llevan al matrimonio:**

- Yo soy el que tomo las decisiones en mi casa.
- Yo gano más dinero, así que tengo la decisión final de cómo gastarlo.

- Puedo tener sexo cada vez que lo desee.
- Ella es la principal responsable de cuidar a los niños.

**Expectativas positivas que los maridos llevan al matrimonio:**
- Tengo que ser un ejemplo de siervo y morir diariamente por mi esposa.
- Podemos conversar sobre todos y cada uno de los temas.
- La intimidad sexual tiene que ver con servir, no con recibir.
- Tengo el mandato bíblico de ser el líder de mi familia y criar a mis hijos en amonestación del Señor y guiarlos para que caminen en sus propósitos.

**Expectativas negativas que las esposas llevan al matrimonio:**
- Él nunca me dirá lo que tengo que hacer.
- Gastaré el dinero como yo quiera.
- Usaré el sexo como un arma o una recompensa.
- Seré una madre excelente y una amante mediocre.

**Expectativas positivas que las esposas llevan al matrimonio:**
- Tengo que honrar y respetar a mi esposo en el hogar.
- Puedo supervisar el presupuesto, pero tenemos que estar unidos en las grandes compras.
- La intimidad sexual tiene que ver con el servicio, aunque él necesite más orgasmos que yo.
- Encontraré el equilibrio entre ser una amante y ser una madre excelente.

---

Entonces, ¿cómo manejar la cuestión de las expectativas en el matrimonio? La respuesta podría ser más sencilla de lo que usted cree: el *servicio*. El antídoto para el egoísmo y el problema de las expectativas poco realistas puede consistir en una actitud de

# La guía de una buena esposa*

- Tenga la cena lista. Planifique con anticipación, incluso la noche anterior, tener lista una cena deliciosa, a tiempo para cuando él regrese. Esta es una manera de hacerle saber que ha pensado en él y que se preocupa por sus necesidades. La mayoría de los hombres tienen hambre cuando llegan a casa, y la idea de una buena comida (especialmente su plato favorito) es parte de la cálida bienvenida que necesita.

- Prepárese. Tómese quince minutos para descansar, de modo que se sienta renovada cuando él llegue. Retóquese el maquillaje, póngase una cinta en el cabello y luzca radiante. Él acaba de estar con muchas personas agotadas por el trabajo.

- Sea jovial y un poco más interesante para él. Después de un día aburrido, quizá necesite de su aliento, y una de sus obligaciones es alentarlo.

- Mantenga la casa en orden. Revise por última vez la parte principal de la casa justo antes de que llegue su marido.

- Levante los textos escolares, juguetes, papeles, etc. y luego pase un trapo sobre la mesa.

- Durante los meses más fríos del año, debería preparar y encender el fuego en la chimenea para que él pueda entrar en calor y relajarse. Su esposo sentirá que ha llegado a un refugio de descanso y orden, y a usted también le gustará. Después de todo, satisfacer la comodidad de su marido le dará una inmensa satisfacción personal.

- Prepare a los niños. Tómese algunos minutos para lavarles las manos y la cara (si son pequeños), péineles el cabello y, de ser necesario, cámbieles la ropa. Ellos son pequeños tesoros, y a él le gustaría verlos cumplir con su rol. Minimice todos los ruidos. En el momento de su llegada, elimine el ruido de la lavadora, secadora o aspiradora. Trate de instruir a los niños a estar en silencio.

- Alégrese de verlo.

- Recíbalo con una cálida sonrisa y muéstrele sinceridad en su deseo de agradarle.

- Escúchelo. Tal vez usted tenga una docena de cosas importantes para decirle, pero el momento de su llegada no es el oportuno. Déjelo hablar primero; recuerde que los temas de conversación de él son más importantes que los de usted.

- Haga que la noche sea para él. Nunca se queje si llega tarde a casa, o sale a cenar, o sale a otros lugares de entretenimiento sin usted. En cambio, intente comprender el mundo de estrés y presiones, y su verdadera necesidad de estar en casa y relajarse.

- Su meta: intentar asegurarse de que su hogar sea un lugar de paz, orden y tranquilidad en el que su esposo pueda renovarse en cuerpo y alma.

- No lo reciba con quejas o problemas.

- No se queje si llega tarde para la cena o si ni siquiera viene en toda la noche. Considérelo como algo menor comparado con lo que puede haber pasado durante el día.

- Haga que él se sienta cómodo. Dígale que se recline en una silla cómoda o se recueste en el dormitorio. Tenga lista una bebida caliente o fría para ofrecerle.

- Arregle su almohada y ofrézcale sacarle los zapatos. Hable en voz baja, suave y agradable.

- No le haga preguntas sobre sus acciones, ni cuestione su juicio o su integridad. Recuerde que él es el amo de la casa y, como tal, siempre ejercerá su voluntad con justicia y verdad. No tiene ningún derecho a cuestionarlo.

- Una buena esposa siempre sabe cuál es su lugar.

---

*Extraído de *Housekeeping Monthly* [Guía mensual del ama de casa], 13 de mayo de 1955 servicio mutuo. "Servir" es una palabra sencilla, pero Dios afirma que es una de las palabras más poderosas de toda la Biblia. Todos los demás mandamientos vienen después de este (ver Gá. 5:13-14). El servicio resume todo lo que representa Jesús. Cuando se sorprende con el deseo de servir a su pareja, sabe que ese deseo proviene de Dios.

¿Qué significa servir a su pareja? Para un hombre significa dar la vida por su esposa... y decidir amarla por completo. Yo (Gary) solía pensar que la tarea de Norma como esposa era más difícil que la mía, hasta que busqué lo que realmente significa "dar la vida". Creo que se refiere al ejemplo de la gallina y el cerdo. ¿Quién se sacrificó más para darle el jamón y los huevos que desayunó esta mañana? El cerdo se sacrificó más, porque murió. La gallina simplemente puso algunos huevos y siguió adelante con su vida.

Ahora hagamos un estudio más profundo de lo que significa el pasaje de Efesios 5 cuando se refiere a servirse uno al otro en el matrimonio.

## El servicio y la sujeción

Para muchas parejas, el tema de la sujeción enciende muchas pasiones, pero me gustaría mostrarle cómo comprender este pasaje de una manera nueva. Efesios 5:22 ordena: "Las casadas estén sujetas a sus propios maridos, como al Señor". En otras palabras, el servicio de la mujer consiste en sujetarse. Pero los hombres están llamados a morir y, en verdad, sacrificarse por sus esposas. Usted no podrá cumplir ninguno de estos mandamientos con su propio amor y poder mezquinos. Pero tenga en cuenta que son palabras de Dios, y Él lo capacitará para cumplirlas.

Es importante mencionar que Efesios 5:22 es una declaración sobre el orden en el hogar, no sobre el valor o la dignidad. Para Dios, tanto la esposa como el marido son "coherederos con Cristo". Note que las Escrituras dicen que usted solo puede hacer esto después de sujetarse a Cristo y ser lleno del Espíritu Santo.

"No os embriaguéis con vino... antes bien sed llenos del Espíritu" (Ef. 5:18). Esta llenura les da a ambos *el deseo y el poder* para cumplir el orden divino de la sujeción de la mujer y el sacrificio del hombre.

Yo (Gary) estoy convencido de que la mayoría de los hombres que tienen un plan y saben qué hacer están dispuestos a dar los pasos necesarios para establecer una relación de amor duradera. El problema es que el hombre promedio no sabe intuitivamente qué hace falta para lograrlo ni se da cuenta de los increíbles beneficios que brinda en casi todos los aspectos de su vida tener una relación sólida en el hogar.

La primera cosa que el hombre debería consultar a la hora de formar una familia sólida es el patrón establecido en Efesios 5. En este capítulo de la Biblia, el hombre está llamado a ser "cabeza" de su esposa —el principal amante— tal como Cristo es la Cabeza de la Iglesia y el amante de la Iglesia.

¿Cómo hizo Cristo para ejercer su liderazgo en amor? Al servir sin importarle el costo. Los más grandes entre nosotros sencillamente siguen el patrón establecido por Cristo de servir a aquellos que Él amó y por quienes dio su vida.

Tomemos el mandamiento del hombre de ser un líder amoroso en el hogar y llevémoslo a un nivel práctico. ¿Qué significa ser el "líder" del hogar?

Cuando se trata de "liderazgo" y de dirección del hogar, encontramos una pauta específica en Efesios 5:28-29: "...los maridos *deben amar a sus mujeres* como a sus mismos cuerpos... Porque nadie aborreció jamás a su propia carne, sino que la sustenta y la cuida, *como también Cristo a la iglesia*" (cursivas añadidas). Si usted sigue el modelo bíblico para el liderazgo familiar, verá que los hombres debemos cuidar y amar a nuestra esposa (e hijos). Debemos hacerlo de la misma manera que cuidamos y amamos nuestro propio cuerpo... tal como Cristo cuida y ama a la Iglesia.

Cuando un marido toma la importante decisión de honrar

verdaderamente a las personas encomendadas a su cargo, da el primer paso para ser la fuente de amor y cuidado que Dios quiso que fuera. En consecuencia, puede ver que sus relaciones comienzan a florecer y crecer ante sus ojos. Como hombre, solo piense en lo que hace por usted mismo todos los días: se levanta, se ducha, come, se viste, y así sucesivamente. Haga una lista de lo que hace todos los días, desde que se levanta hasta que se acuesta por la noche. Usted y yo tenemos la oportunidad de hacer lo mismo por nuestra pareja e hijos; es decir, asegurarnos de que estén tan bien cuidados como nosotros.

A menudo recibo críticas cuando trato el tema de los roles bíblicos en el matrimonio, pero no podemos permitir que nuestra cultura moderna defina la manera en que leemos la Biblia. Debemos usar las Escrituras para buscar la guía de Dios y comprender los roles que Él creó en el matrimonio para nuestro beneficio. Aunque las mujeres puedan resistirse al mandamiento de sujeción, es fundamental analizar el significado griego de la palabra "sujetarse", que es *huppatasso* y quiere decir "hacer fila bajo el liderazgo de otro". *Huppatasso* de hecho es un término militar que da la idea de "veo, respeto y honro la estructura de liderazgo establecida en mi hogar".

Para los hombres, el mandamiento es mucho más difícil. Efesios 5:25 instruye: "Maridos, amad a vuestras mujeres, así como Cristo amó a la iglesia, y se entregó a sí mismo por ella". En otras palabras, los esposos deben dar la vida en servir a su mujer.

Note que este versículo no dice que las esposas deban sujetarse a *todos* los hombres. Cada vez que doy consejería prematrimonial, a menudo tengo que recordarle al hombre que su prometida no tiene la obligación de sujetarse a él. En ningún lugar de las Escrituras, dice que las novias tengan que sujetarse a su novio o prometido. Las Escrituras, en Efesios 5 se refieren solo al matrimonio.

La pregunta número uno que me hacen los hombres en el ámbito del matrimonio es: *¿Cómo hago para que mi esposa se sujete?* A veces los hombres creen que tienen que decirles o recordarles a sus esposas que ellos son los líderes de la relación. Pero eso es como si el general estadounidense Eisenhower hubiera dicho en 1942: "Muchachos, soy el líder de las Fuerzas Aliadas, ¡así que tienen que escucharme!". ¿Quién quiere seguir órdenes así? Nadie.

Los esposos llegan a ser los líderes del hogar cuando ejercen su rol de líderes por el bienestar de la familia y aman fielmente a su esposa como Cristo amó a la Iglesia y se entregó a sí mismo por ella. Aunque esta idea tiene una naturaleza misteriosa, y no siempre es fácil comprenderla, doy gracias por el orden del matrimonio que Dios estableció en las Escrituras.

Entonces, ¿cómo puede cumplir con este orden establecido en su matrimonio?

---

El matrimonio *centrado en el ego* sirve para ser visto y reconocido. El matrimonio *centrado en Cristo* sirve, aunque pase inadvertido y no sea reconocido.

El matrimonio *centrado en el ego* sirve por el aplauso y la recompensa. El matrimonio *centrado en Cristo* es discreto en sus acciones de amor.

El matrimonio *centrado en el ego* se deja guiar y dominar por los sentimientos. El matrimonio *centrado en Cristo* sirve, aunque los sentimientos no estén.

---

## Practique la gratitud

Una de las mejores maneras de amar a su cónyuge es mostrar agradecimiento. ¿Cómo sabe si la gratitud abunda en su corazón? Revise sus actitudes. ¿Se queja regularmente? ¿Rezonga sobre su cónyuge? ¿Se siente tentado a protestar? ¿Suele fastidiar a su cónyuge por lo que falta hacer en vez de aplaudir sus esfuerzos?

A mí (Ted), no hay nada que me guste más de mi hija de cinco años que oírle decir: "¡Eres el mejor papi del mundo!". Por lo general, oigo estas palabras después de comprarle un osito de peluche. Quisiera tener recursos para comprarle un camión lleno de esos animalitos peludos con tal de escucharle expresar su reconocimiento. Las palabras de mi hija me recuerdan lo que nuestro Padre celestial desea escuchar de usted y de mí. Dios quiere que sepamos y reconozcamos que Él es "¡El mejor papi del mundo!". Cuando nos centramos en la bondad y la generosidad de Dios, no podemos dejar de ser apreciativos y agradecidos; algo que también beneficia a nuestra familia.

Por ello, aparte un tiempo para presentarse ante Dios y agradecerle por todo lo que Él ha hecho por usted. Después, agradézcale por todas las cosas buenas que Él le ha dado a través de su cónyuge. Durante los próximos días, tenga una manifestación de gratitud hacia su cónyuge con palabras de reconocimiento y aliento.

A continuación le presentamos diez maneras de manifestarle gratitud y honra a su cónyuge:

1. *Haga el esfuerzo de recordar cuáles eran los pedidos y deseos de su cónyuge en el pasado y empiece a concedérselos siempre que sea posible.* Uno de mis amigos cercanos me dijo que su esposa acababa de hacer algo que lo hizo sentir muy especial. Algunas semanas antes, él le había comentado: "¡Cómo me gustaría poder ver un partido de fútbol de principio a fin sin interrupciones!". Un día, cuando puso en marcha el televisor para ver un partido, su esposa entró al estudio, tomó a ambos niños de la mano y les dijo: "Subamos a hacer una siesta". Después de acostarlos, entró y le dijo: "Voy a ir de compras. Espero que puedas disfrutar el partido sin interrupciones. Desconecté el teléfono para que no te moleste

ninguna llamada". Lo que le sorprendió fue que su esposa recordaba el comentario que había hecho varias semanas antes y había buscado la oportunidad de concederle su deseo. En respuesta y agradecimiento, mi amigo comenzó a trabajar en algunos proyectos de la casa muy atrasados.

2. *Abrácense y bésense delante de los niños.* El poder de las caricias (sin connotación sexual) transmite: "Te amo, y me encanta estar casado contigo". Cuando su esposa lleva una canasta de ropa para lavar de un lado al otro, deténgala. Ponga la canasta en el piso. Abrácela. Después, tome la canasta y llévela a su lugar de destino. (Aclaración: si después no levanta la canasta y la lleva a su sitio, en cierto modo estaría echando a perder toda la idea).

3. *Busque la oportunidad ocasional de llamar la atención sobre las cualidades positivas de su cónyuge cuando estén con otras personas.* Por ejemplo, alabe a su marido delante de sus hijos y llame la atención sobre las cualidades positivas de su carácter. Si está con amigos, y él dice algo que vale la pena, dígale que cree que tiene mucho sentido y pídale que explique la idea un poco más. O relate a sus amigos y parientes algún incidente específico ocurrido la semana anterior, que resalte una de sus cualidades positivas. Por ejemplo: "Juan es muy considerado con mis sentimientos. El otro día no había dicho una palabra sobre cómo me sentía, pero él se dio cuenta de que estaba triste. Entonces se acercó y me abrazó. Después me dijo que sabía que yo estaba preocupada y me preguntó cómo podía ayudarme". Yo (Gary) no tengo palabras para expresar lo bien que me siento por dentro cuando ocasionalmente me cuentan algo positivo que mi esposa dijo de mí. Me hace sentir valorado; ¡y lo único que quiero es llegar a casa para abrazarla!

4. *No permita que pasen dos días sin expresar agradecimiento por al menos una cosa que haya hecho o dicho su cónyuge durante esas cuarenta y ocho horas.* Solo un recordatorio: no olvide que es mejor estar con personas que lo hacen sentirse especial.

5. *Haga el esfuerzo de valorar la ocupación de su cónyuge.* Muchas personas viven frustradas con su trabajo, ya que sienten que nadie reconoce verdaderamente su valor o importancia, o sus talentos y habilidades. Cuando reconoce lo que su pareja hace, usted podría ser la única esperanza de él o ella de alcanzar una verdadera autoestima. Hasta que su pareja no crea verdaderamente en su propio valor, le resultará difícil ver el valor en los demás, incluso en usted. Nunca menosprecie el trabajo de su cónyuge. Nada destruye más la autoestima que escuchar que su cónyuge menosprecia el esfuerzo que usted hace. Aunque quizás no critique sus esfuerzos, podría llegar a menospreciarlo con su indiferencia. Participe en conversaciones del lugar de trabajo de su pareja. Recuerde el nombre de sus colegas y amigos. Relacione los hechos cuando un relato de hoy le recuerde algo que dijo o hizo un colega hace algunos meses o incluso años. Cuando recuerda esas historias, le está transmitiendo: "Te estuve escuchando y estoy al tanto". ¡Y eso demuestra un gran reconocimiento por lo que hace su pareja!

6. *Pídale perdón genuinamente a su cónyuge cuando lo ofenda.* Tanto hombres como mujeres tienden a evitar a los que les ofenden. (Una de las quejas más comunes que plantean los niños respecto de sus padres es que estos nunca admiten que están equivocados). La clave para hacer borrón y cuenta nueva con su cónyuge no es tan solo decir "perdón"; esta es una palabra que incluso los niños aprovechan para evitar un castigo. Cuando alguien nos ha ofendido, por lo general

no queremos oír un simple "perdón". Queremos saber que la persona se da cuenta de que estaba equivocada y que nos lastimó. Creo que existen muchas "maneras equivocadas" de pedir perdón. Son equivocadas, porque no nos llevan a estar en armonía con la persona que ofendimos y pueden no expresar cuánto la valoramos. He descubierto que una de las mejores maneras de pedir perdón, lamentablemente, es la más difícil y la menos creativa. Todo lo que hace falta es que usted se acerque a su pareja, la mire a los ojos y diga: "Me equivoqué en lo que dije o hice. ¿Puedes perdonarme?". Cuando pide perdón de esta manera, suceden dos cosas. Primero, su cónyuge tendrá deseos de restaurar la relación y estará más preparado para perdonarlo; y segundo, su petición de perdón probablemente ejerza presión para que su cónyuge le pida perdón en el futuro cada vez que le ofenda a usted. Como beneficio adicional, hace que su cónyuge se sienta importante, porque indirectamente le está diciendo que lo quiere demasiado para lastimarlo.

7. *Declare una moratoria para el pesimismo.* Si su tendencia es ver siempre el lado negativo, declare un período completo de veinticuatro horas en que cada palabra que salga de sus labios sea positiva. La siguiente historia brinda una descripción vívida de dos maneras opuestas de ver lo mismo. ¿Cuál de los dos personajes se parece más a usted? Se cuenta la historia de dos granjeros. Uno era pesimista, y el otro, optimista. El optimista decía: "¡Qué sol más maravilloso!". El pesimista respondía: "Sí, pero me temo que quemará los cultivos". El optimista decía: "¡Qué bueno que llueva!". El pesimista respondía: "Sí, pero me temo que habrá una inundación". Un día el optimista le dijo al pesimista: "¿Has visto mi nuevo perro de caza? No hay otro mejor". El pesi-

mista dijo: "¿Te refieres a ese perrucho que vi en el corral detrás de tu casa? No me pareció gran cosa". Al día siguiente, los dos se fueron de caza con el perro. Les dispararon a unos patos que cayeron al estanque. Entonces el optimista dio orden al perro de que buscara a los patos. El perro respondió obedientemente y, en vez de nadar, caminó sobre el agua, recuperó los patos y volvió a caminar sobre el agua con los patos. El optimista miró a su amigo y le dijo: "Ahora, ¿qué piensas de eso?". El pesimista respondió: "Mmm, parece que no sabe nadar".

8. *Preserve sus actividades de entretenimiento.* Si cada salida se convierte en una conversación acalorada, tómese un descanso de toda plática seria. Necesitan experimentar algunos momentos en que no se tomen lo que dicen tan en serio. Aprendan a reírse juntos. Las noches de jovialidad son una excelente manera de aliviar el estrés. Evite las discusiones en cada salida nocturna y viaje que hagan juntos. Cierren un breve trato entre ustedes de que no habrá peleas ni discusiones acaloradas cada vez que salgan de diversión o de paseo.

9. *Céntrese en las pequeñas acciones de bondad, no solo en las "increíbles".* Muchos hombres creen que su esposa necesita que la impresionen con algún regalo o acción increíble, cuando en realidad un simple "gracias" puede lograr mucho.

10. *Elogie a su cónyuge por lo menos una vez al día.* El reconocimiento diario es muy importante para impedir que su matrimonio desarrolle un vacío de intimidad. Prométase hacerlo; pero no le prometa a su cónyuge que lo hará, porque podría crearle expectativas y, si usted se olvida, terminará por herirlo. Comience por aprender a verbalizar sus pensamientos de reconocimiento.

## Algunas firmaciones típicas que las esposas me han dicho que les encanta escuchar:

- "¡Qué comida tan deliciosa! Me encanta cómo gratinaste la preparación con crema y queso... Mmm, eso estuvo delicioso".
- Escriba breves notas como: "Me encantó lo bien que te veías anoche", y póngalas en el refrigerador.
- "La verdad es que nuestros niños son muy bendecidos por tener una madre como tú. ¡Los cuidas muy bien!"
- "Me gusta ese vestido, pero prefiero a quien lo lleva puesto".
- "¿Si me gusta tu peinado? Me gusta cualquier peinado que te hagas porque me gustas tú".
- "Me encantaría salir a pasear contigo esta noche tan solo para presumir de ti".
- "Querida, ¡cuánto has trabajado! ¿Por qué no te sientas y descansas un poco antes de la cena? Puedo esperar".

## Algunas afirmaciones típicas que los esposos me han dicho que les encanta escuchar:

- "Oye, querido, ¿por qué no llamas a algunos amigos este fin de semana y salen a divertirse? Te lo mereces".
- "Yo cuidaré a los niños esta noche; tú ve a mirar el partido".
- "Gracias por dejarme ir de compras este fin de semana. Te agradezco por el pequeño dinero extra para mis gastos".
- "El jardín se ve espectacular. ¿Quién te enseñó a dibujar las franjas en el césped?"
- "Estoy ansiosa de que llegues a casa esta noche".
- "No tengo apuro de que llegues a casa. Tengo todo bajo control. Quédate un poco más si necesitas hacer algo".
- "Los niños querían que te llamara para decirte que eres el mejor papá de todo el mundo".

Las palabras amables pueden lograr mucho a la hora de edificar un matrimonio saludable; por ello, recuerde lo siguiente:

- Su cónyuge puede ser irrazonable y difícil por momentos; ámelo de todos modos.
- Si decide servir a su cónyuge, podría acusarlo de tener motivos ocultos; hágalo de todos modos.
- Lo que hoy haga por su cónyuge, mañana quedará en el olvido; hágalo de todos modos.
- No tenga reservas a la hora de dar a su pareja, aunque se lo juzgue de santurrón; hágalo de todos modos.

En el próximo capítulo, analizaremos la importancia del compromiso en una relación y veremos tres actitudes con respecto a cuestiones no resueltas... la subestimación de las diferencias en la pareja... y los problemas de la falta de perdón que pueden debilitar su matrimonio ¡sin que usted ni siquiera se dé cuenta!

## PREGUNTAS Y RESPUESTAS

Esta pregunta la envió a nuestro sitio de la Internet una mujer que necesita consejos sobre cómo resolver los problemas de límites con los familiares y las amistades.

*P: Mi esposo y yo estamos casados hace nueve años y tenemos tres hijos maravillosos. Es un excelente esposo y padre. Debido a su trabajo, el año pasado tuvimos que regresar a nuestra ciudad natal. Al principio creí que en cierta manera sería divertido estar nuevamente con nuestros padres, familiares y amigos. Sin embargo, no contábamos con todas las expectativas que tendrían sobre nosotros. La vida ya es lo suficientemente ocupada con una familia de cinco miembros, pero ahora tenemos familiares que esperan que les dediquemos tiempo todas las semanas. ¿Qué pueden sugerirnos para mantener un matrimonio sólido y tiempo con la familia sin que se enoje el resto de nuestros parientes?*

R: Al leer su historia, me viene a la mente una palabra: ¡límites! Cuando aconsejo a parejas jóvenes, a menudo los llevo a Génesis 2:24, "Por tanto, dejará el hombre a su padre y a su madre, y se unirá a su mujer, y serán una sola carne". Nos referimos a esto como el principio de "dejar a los padres para unirse en matrimonio". Una pareja no puede experimentar la unión hasta que hayan trazado límites firmes con todas y cada una de las personas que podrían afectar a su unión. Esto comienza con los padres. Solemos escuchar que cuando una muchacha se casa, su madre dice: "No estoy perdiendo una hija, estoy ganando un hijo". En muchos sentidos, el éxito del matrimonio depende del compromiso de la pareja de dejar a sus familiares y amigos.

Esto no significa que no los visiten en los días feriados o que nunca inviten a cenar a sus familiares y amigos. Simplemente quiere decir que ahora ustedes tienen una nueva familia. Esta nueva familia creará nuevas tradiciones, disfrutará de nuevos lugares para pasar las vacaciones y tendrá sus propios horarios. Los familiares deben mantenerse a un lado. Créame, soy padre y abuelo. He aprendido a apartarme para que mis hijos estén tranquilos. Pero no siempre es fácil.

Ustedes no pueden hacerse responsables de las expectativas que sus familiares y amigos depositaron en ustedes. Determinen qué días podrían dedicarle a los familiares y, con gracia y respeto, infórmenles cuáles son los mejores días de la semana para llamar o estar juntos. Expliquen que necesitan poner a los niños y la pareja en primer lugar para edificar un matrimonio fuerte y para la salud emocional de sus hijos. Cuanto más claros sean en fijar los límites, menos estrés sentirán por las frustraciones que experimentan en cada cena grupal o actividad familiar.

¿Qué sucede si no se fijan límites? Se llenarán de frustración y enojo hasta que, como un volcán, entren en erupción. Asuma la responsabilidad personal de sus actos. Reúnase con su marido y conversen sobre la necesidad de tener tiempo con los niños y estar tranquilos. Pónganse de acuerdo en límites aceptables para ambos. Después, como pareja, comuniquen a sus familiares y amigos los límites que han establecido.

# CAPÍTULO 9

# COMPROMETIDOS PARA SIEMPRE

Yo (Ted) nunca olvidaré la visita que hicimos a mis familiares en Florida hace varios veranos. Ellos sabían que Amy y yo habíamos aceptado el llamado al ministerio del matrimonio y la familia. Por ese motivo, me hacían toda clase de preguntas en las reuniones familiares. Mientras hablaba con varios parientes y amigos sobre sus matrimonios anteriores, mi primo Greg estaba cerca de nosotros, en silencio. Con un pie apoyado en el parachoques trasero del automóvil, su codo en el capó y una cerveza en la mano, parecía absorto en sus pensamientos. La conversación continuó durante una hora antes de que Greg por fin hablara.

Soltero y sin una relación sentimental estable en ese momento, Greg me dijo simplemente:

—Antes de casarme tendría que ser capaz de responder una pregunta, Ted.

Mordí el anzuelo y le pregunté:

—¿Cuál?

—¿Estoy listo para pasar los próximos seis u ocho años de mi vida con esta mujer?

Todos rieron, y por un momento, la pregunta pareció razonable. Pero ¡no lo era! En este capítulo, analizaremos diecisiete expectativas positivas para su matrimonio. Estas expectativas no son solo para abarcar algunos años de vida conyugal; sino un compromiso para toda la vida. Nadie diría: "Me gustaría casarme contigo, pero solo por unos años y después te voy a cambiar por un modelo nuevo".

En el capítulo 10, analizaremos qué significa asumir la responsabilidad plena del compromiso que hizo el día de su casamiento.

Por último, en el capítulo 11, analizaremos cómo lograr una transformación total de su matrimonio.

## Diecisiete expectativas positivas para su matrimonio

La pregunta de mi primo Greg en realidad no es una broma. Representa la forma de concebir el matrimonio en el siglo XXI. Como leímos en el capítulo 3, mi generación no está tan comprometida con la idea del matrimonio como las generaciones de los *Builder* y los *Boomer*.

Con todas las expectativas que hemos comentado en este libro, la tendencia podría ser llevar a cero todas sus expectativas. Tal vez esté pensando: "No tener expectativas contribuye a un matrimonio excelente". Pero en realidad, ¡no es cierto! ¿Recuerda la lista de expectativas del capítulo 1, que es posible que debamos descartar? Ahora bien, aquí encontrará las expectativas que tienen un puntaje de "10" tanto en la columna de "expectativa" como en la de "realidad".

1. *El esposo como líder espiritual.* Orar juntos, tener devocionales diarios y asistir a la iglesia con regularidad.
2. *Jactarse del cónyuge en público.* Cuando éramos novios, hablábamos maravillas del otro con nuestra familia y amigos. Mostrábamos su foto ante cualquier oportunidad. Esto seguirá siendo así durante nuestro matrimonio.
3. *Cortesía.* (Abrirle la puerta a la dama, acomodarle la silla, ofrecerle la chaqueta en una noche de frío).
4. *Amabilidad.* Siempre intercambiaremos palabras positivas y alentadoras al comunicarnos con el otro.
5. *Paciencia.* Soportarse uno al otro.
6. *Libertad de las adicciones.* El abuso de sustancias, el alcohol y la pornografía no destruirán nuestro matrimonio.
7. *Amor incondicional.* Mi cónyuge me amará aun cuando yo esté atravesando momentos emocionalmente difíciles.

8. *Ternura/delicadeza.* Nuestras palabras aplacarán la ira, y nos alentaremos uno al otro.

9. *Validación.* Mi cónyuge siempre comprenderá mis miedos, mi frustración o mi dolor. Escucharme siempre será más importante que intentar resolver mis problemas.

10. *Juntos para siempre.* Nunca nos dejaremos. El divorcio nunca será una opción válida para nosotros. Estaremos juntos hasta que uno de los dos deposite al otro en brazos de Jesús.

11. *Gracia y perdón.* El espíritu de perdón siempre estará presente en nuestro hogar. No juzgaremos al otro, porque ambos somos imperfectos y cometemos errores. Habrá suficiente margen para el error.

12. *Devocionales y oración.* Tendremos como objetivo memorizar por lo menos cincuenta de los versículos más sobresalientes de las Escrituras, y diariamente meditaremos juntos sobre estos versículos y prestaremos atención al significado de cada uno. Estos versículos nos revelarán las diez creencias más importantes que Cristo nos enseña a cultivar en nuestro corazón. Oraremos para dar gracias en todas las comidas.

13. *Fidelidad absoluta.* Mi cónyuge sólo tendrá "ojos" para mí. No habrá lugar para una mirada de lujuria.

14. *Aceptación de los propios errores.* Mi cónyuge será siempre sincero respecto de sus errores y defectos de carácter. Y cuando me ofenda, me pedirá perdón.

15. *Cuidado en la enfermedad.* Cuando estaban de novios, ¿solía su pareja tener atenciones tales como pañuelos de papel, un caldo, velas o una revista favorita para desearle una pronta mejoría? Esa misma compasión continuará durante todo el matrimonio.

16. *Frente unido.* Mi pareja jamás dejará que nadie me menosprecie. No permitirá que ni padres, ni familiares ni amigos hablen mal de mí. Conservaremos la armonía y estaremos de acuerdo en buscar una solución conveniente para ambas partes.

17. *Protección*. Mi cónyuge arriesgará su vida para salvarme si fuera necesario. Estará pendiente de cualquier ruido que se oiga en medio de la noche y actuará inmediatamente.

Estas expectativas son solo un pequeño segmento de la lista y, además de ser razonables, pasan a integrar la categoría de expectativas positivas. Se les debería asignar un "10", ni un punto menos. Cuando les entregamos el cuestionario a las parejas, lamento (Ted) ver que un cónyuge le asigne menos de "10" a expectativas como "libertad de las adicciones", "juntos para siempre" y "fidelidad conyugal". Lo que ello me indica es que esa persona ha sido herida con anterioridad. Y para no volver a sentir ese dolor, la persona baja sus expectativas. No crea la mentira de que al bajar las expectativas sentirá menos dolor en el caso de separación, infidelidad o divorcio.

Muchas veces las personas se casan antes de adquirir el conocimiento o la experiencia necesarios para cuidar de su pareja; es decir, antes de saber cómo satisfacer sus necesidades emocionales, mentales y físicas. Una de las ironías de nuestra sociedad es que una persona debe recibir cuatro años de entrenamiento para obtener una licencia de plomero; pero no es necesario hacer ningún curso para obtener una licencia para el matrimonio. Nuestro sistema educativo ni siquiera nos exige tomar cursos de comunicación, fundamentales para el desarrollo de cualquier relación significativa. Desde luego, cuando me casé (Gary) era uno de los que no estaban entrenados. A mi esposa Norma y a mis amigos, les llevó muchos años ayudarme a ser un marido más afectivo.

Es común que un hombre se case sin saber cómo hablarle a su mujer. Algunos hombres ni siquiera saben que sus esposas necesitan tener una comunicación más íntima. A menudo, un hombre desconoce por completo que su esposa podría tener un lado sensible. No se da cuenta de que, para una mujer, el hogar, los hijos, la familia y los amigos constituyen una parte integral de su identidad.

Muchas mujeres comienzan el matrimonio con las mismas deficiencias. No comprenden que la admiración es para el hombre lo que el romance es para la mujer. No entienden que un hombre, por lo general, confía más en el razonamiento que en la intuición.

Las cosas que debilitan el matrimonio pueden resumirse en tres categorías: (1) asuntos no resueltos del pasado; (2) subestimación de las diferencias y (3) errores no perdonados.

## Asuntos no resueltos del pasado

El matrimonio es simplemente la unión de dos seres imperfectos que se comprometen a vivir juntos para siempre. En el matrimonio, el hombre y la mujer pasan por la metamorfosis misteriosa y sagrada de llegar a ser una sola carne.

Muchas personas creen que el matrimonio *genera* problemas; pero, en realidad, el matrimonio *revela* los problemas. El matrimonio saca a la superficie los asuntos que hemos mantenido ocultos en nuestras vidas. Si yo (Ted) no me hubiera casado con Amy, todavía tendría muchos asuntos no resueltos en mi vida. El simple hecho de convivir como pareja —además del trabajo, la hipoteca de la casa y los hijos— permitió que asuntos que estaban ocultos en mi vida salieran a la superficie.

Daniel y Julia no le asignaron más de "5" a ninguna de las expectativas de la lista. Era el tercer matrimonio para Daniel y el segundo para Julia. Cuando los conocí en la sesión de consejería, se veían frustrados. Para ellos, todo podía resumirse a "esperamos contraer matrimonio"; pero no tenemos expectativas de llegar a tener un "buen matrimonio".

Daniel era una persona resentida, y Julia era muy dependiente. Ambos tenían pensamientos negativos sobre quiénes eran. Estos asuntos no resueltos les afectaban en cada trabajo y en cada matrimonio. Ni Daniel ni Julia habían visto modelos de matrimonios felices cuando eran niños. Ambos eran hijos de padres divorciados. Daniel tuvo que criarse solo. Dado que no le enseñaron a cumplir límites, pasó de la frustración al odio en sus años de adolescencia y juventud.

Julia tenía un asunto no resuelto en su corazón; se sentía "horrible y de poco valor" como consecuencia de años de maltrato. Este asunto no resuelto, a su vez, generó una serie de reglas negativas que dominaban su comportamiento:

1. No intimes con tu esposo. *Acaso, ¿alguien me va a querer?*
2. No te molestes en usar maquillaje o ropa bonita. *Nada hará que me vea atractiva.*
3. No te entregues a ese hombre que dice que te ama. *Al final voy a salir lastimada.*

Estas reglas controlaban cada aspecto de la vida de Julia. Todas sus expectativas, acciones y decisiones provenían de asuntos no resueltos. No importaba que las ideas que tenía sobre sí misma no fueran ciertas. Era bastante atractiva e inteligente. Pero sus experiencias habían arraigado en su mente la creencia de ser una persona indeseable y sin importancia; y esa creencia fundamentaba su opinión de sí misma. ¿Ha conocido a alguien que mira hacia abajo en vez de mirarle a los ojos, o que parece sumamente tímido e incómodo en su presencia? Cuando tengo la oportunidad de ser amigo íntimo de alguien muy tímido, descubro que algunos creen que son ineptos, feos o indignos de tener un amigo íntimo.

El resentimiento de Daniel se fundaba en el asunto no resuelto de que "la vida es demasiado dura, y nadie me presta atención". A veces su comportamiento era agresivo, resultante de estos pensamientos centrales:

1. Voy a pisar a quien sea para sobrevivir.
2. Aunque trabaje duro, nunca logro abrirme camino.
3. Mejor solo que mal acompañado.

¿De qué manera pueden afectar al matrimonio estos pensamientos profundamente arraigados? Día a día, cada miembro de la pareja ve el comportamiento del otro a través del filtro de sus pensamientos. Esto puede hacer que un cónyuge se transforme rápidamente en un adversario y no en un compañero de equipo. Imagínese que usted cree que su pareja tiene la responsabilidad de satisfacer todas sus necesidades. ¿Qué ocurre cuando no es así? Su reacción será una respuesta a lo que usted considera que debería estar sucediendo. Para usted, de ningún modo parecerá una reacción exagerada, trastornada o desequilibrada. Normalmente, será una respuesta automática y emocional, que experimentará simplemente en forma de pensamiento. Pero, si la analiza y rastrea su origen, descubrirá que en realidad expresa lo que usted cree.

Daniel y Julia aún están juntos y se esfuerzan por cambiar las mentiras que fundamentaban su manera de vivir. Tal vez les lleve años cambiar, pero eso está bien. Es por eso que hablamos de compromiso. El marido y la mujer crecen juntos en el transcurso de los años. Necesitan pensar en términos de toda una vida, porque eso es lo que hace falta para desarrollar un vínculo matrimonial.

Las parejas deben hacer un compromiso para toda la vida, en el que se amarán más profundamente, se perdonarán más fácilmente y crecerán de manera inusitada. La formación y el perfeccionamiento que tiene lugar en el matrimonio son para nuestro propio beneficio. En vez de sentirnos frustrados por ello, deberíamos celebrar la providencia y el plan de Dios al darnos un cónyuge que hace que nos parezcamos más a Cristo.

## Subestimación de las diferencias

Habrá escuchado la frase "los opuestos se atraen"; pero en el matrimonio, por lo general, "los opuestos se atacan". Durante la consejería prematrimonial, las parejas a menudo hablan de todo lo que tienen en común. Esto se debe a que en la primera etapa de una relación, las parejas tienden a sobredimensionar lo que tienen en común y a subestimar las diferencias.

Cuando éramos novios, yo (Gary) suponía que a Norma siempre le gustaría mi personalidad divertida, despreocupada y soñadora. Apreciaba su singularidad, su habilidad con los números y su percepción de los detalles. Cuando éramos novios, el contraste de nuestras diferencias era divertido y nos daba mucho de qué hablar.

Una vez que nos casamos, pasamos a restarle importancia a las similitudes y a magnificar las diferencias. Hoy día, cuarenta y tres años después, nuestra personalidad sigue siendo la misma. Como hemos visto en profundidad en el capítulo 4, Norma y yo somos muy diferentes. El matrimonio es solo una parte. Trabajar con su pareja representa toda una serie de nuevos retos. Mi personalidad solo ve las cosas desde una visión general, y la personalidad de Norma se centra en los más mínimos detalles de todo. Subestimar las diferencias puede producir mucha tensión.

El matrimonio se parece mucho a un barco en el que las diferencias son como témpanos de hielo que flotan por delante. Se puede ver la superficie del témpano, pero lo que no se ve puede ser diez veces más grande. Pasar por alto o subestimar las diferencias puede hacer que su matrimonio se hunda si no tienen cuidado.

No ignore las diferencias entre usted y su cónyuge. Haga una evaluación razonable de las diferencias de cada uno, y de cómo repercutirían en su matrimonio y provocarían conflictos si siempre intentara convencer al otro de que piense exactamente igual que usted. La noticia realmente buena es que considerar las diferencias como un complemento de lo que le falta al otro puede ser uno de los puntos fuertes más importantes de su matrimonio.

## Errores no perdonados

Cuando usted no quiere perdonar y pasar por alto los errores en su matrimonio, está plantando semillas de resentimiento y falta de perdón. Al final, aparecerán raíces de amargura, y descubrirá que su relación no prospera.

Un matrimonio saludable necesita de una atmósfera de perdón fomentada por la capacidad de amar y olvidar el pasado. Primera de Corintios 13 nos dice que el amor no guarda rencor. Si usted vuelve a machacar sobre los errores y equivocaciones de su cónyuge, su corazón se llenará de enojo y descontento. Y antes de que se dé cuenta, solo verá los errores de su pareja... y no notará ninguno de sus aciertos.

A menudo pienso: *Si Norma me hubiera perdonado, este tema ya estaría superado.* Esto no es ser realista. Si hice algo que la hirió en gran manera y necesito que me perdone, no puedo pretender que la herida sane inmediatamente. Eso lleva tiempo. Solo porque haya pedido perdón con sinceridad y lo hayan perdonado, no significa que no tenga que pagar las consecuencias de sus actos.

De vez en cuando, recuerdo los primeros años de mi matrimonio y me horrorizo por las cosas que le decía a Norma. Dije cosas que me dan tanta vergüenza, que no puedo darlas a conocer. Trato de no pensar demasiado en ello, pero a veces simplemente me vienen a la memoria y me recuerdan lo necio que fui por momentos, durante nuestro primer año de matrimonio.

Creo que estos recuerdos son una forma en la que Dios nos mantiene humildes. Recordar un error no significa que no nos perdonaron. Perdonar y olvidar son mutuamente excluyentes.

## Asuma la responsabilidad de su promesa

Cuando usted estaba frente al altar y dijo: "En lo mejor y en lo peor, en la riqueza y en la pobreza, en la salud y en la enfermedad, hasta que la muerte nos separe", prometió trabajar con su pareja para resolver sus problemas hasta el día en que vuelva Jesús o uno de los dos muera. A continuación le explicaremos varias maneras de lograrlo:

## 1. Hagan un compromiso mutuo

En primer lugar, deben hacer un compromiso mutuo para el lento proceso de aprender a relacionarse con el otro. Yo (Gary) he descubierto que la relación no es la misma año tras año. Los dos crecen y se superan, o la relación se viene abajo. Si no se proponen conocerse o interiorizarse en el otro, la relación terminará por volverse monótona. Con respecto a las diferencias que existen entre el hombre y la mujer, Norma y yo nos hemos comprometido a seguir creciendo. En una ocasión, decidimos ayunar juntos.

Es así cómo Norma cuenta el resto de la historia: "Oramos, ayunamos y leímos la Palabra de Dios desde el viernes a la noche hasta el sábado a la tarde. Nos tomamos un tiempo para trabajar en nuestras metas matrimoniales. Era como si tuviéramos nuestro propio avivamiento espiritual. Sin embargo, yo no la estaba pasando muy bien, porque me sentía obligada a ayunar. Y cuando llegó el sábado a la tarde, estaba emocionalmente agotada y hambrienta. Entonces nos tomamos un descanso y fuimos a caminar por un centro comercial. Por desdicha, había comida por todos lados; pero no podía comer porque nos habíamos puesto de acuerdo en no comer nada hasta el lunes a la mañana. Volvimos al hotel y seguimos ayunando y trabajando en nuestras metas matrimoniales. Cuando llegó el sábado a la noche, me sentía sin fuerzas. Tenía tanta hambre que me costaba concentrarme. Así que alrededor de las diez de la noche del sábado, finalmente confesé:

"—Voy a comer... ¡No puedo más!

"—¿Por qué vamos a rendirnos ahora que solo nos falta un día más? —protestó Gary. Como él había ayunado antes, sabía que, en el tercer día, uno no tiene tanta hambre. Pero ¡yo no podía más!

"—No sé qué vas a hacer tú —dije bruscamente—. Pero yo voy a comer.

"Disfruté la tortilla de huevos con tostadas y papas a la sartén, a pesar de la constante mirada furiosa de Gary, que solo tomó agua.

"Al día siguiente, él se dio cuenta de que teníamos que poner en práctica justamente lo que habíamos estado hablando el fin de semana. Teníamos que perdonarnos y amarnos. También teníamos que aceptarnos uno al otro como seres únicos. Después de poner por obra estas cosas, regresamos a casa en armonía".

A veces, a medida que crecen juntos, tratarán de hacer cosas nuevas que no funcionarán tan bien como esperaban. Pero si el objetivo es seguir aprendiendo y creciendo, pueden hacerse los ajustes necesarios. En realidad la mejor manera de que usted y su cónyuge logren avanzar en este lento proceso es el tercer paso (estar dispuesto a levantar al otro cuando ha "caído").

**2. Acepten unirse a un grupo de apoyo matrimonial**

Los grupos hogareños ayudan a las parejas a mantener sus promesas. Asistir a un grupo hogareño puede ayudar al matrimonio de tres maneras. En primer lugar, los grupos brindan apoyo, de modo que los cónyuges tienen la oportunidad de que los motiven y oren por ellos semana tras semana. Y esto les da el ímpetu que necesitan para cumplir las promesas que se han hecho uno al otro. En segundo lugar, los grupos de apoyo proveen el marco adecuado para que rinda cuentas de sus acciones. La ventaja de esto es que, como usted sabe que alguien le preguntará cómo le fue en la semana, siempre se esforzará por cumplir sus promesas.

La tercera razón para participar de un grupo hogareño es que, al parecer, los hombres aprenden mejor al observar a otros hombres interactuar con su pareja y entre sí. Por ejemplo, si su esposo proviene de un hogar cuyo padre no fue un buen ejemplo, los grupos hogareños pueden ofrecer ejemplos para imitar.

Nos dimos cuenta de que el grupo hogareño que mejor funciona es aquel en el que todos se ponen de acuerdo en su orientación. Le animo a fijarse metas específicas para que no terminen asistiendo simplemente a un grupo "social".

Se obtienen muy buenos resultados al pertenecer a un grupo de apoyo dedicado. Asegúrese de que sea un grupo positivo, en el sentido de que no haya una persona que controle al grupo y, de ese modo, reprima su disposición a acercarse al Señor.

### 3. Esté dispuesto a levantar a su cónyuge cuando cae

Una de las cosas que me resultan más fáciles, aun cuando estamos en medio de una discusión, es hacer una pausa y darme cuenta de que no todo está perdido. Pudimos haber caído, pero no somos un completo fracaso.

Las demoras en los aeropuertos pueden agotarnos por completo. A nuestra edad, cambiar de aviones puede prácticamente matarnos. Hace poco, estábamos haciendo la conexión de nuestro vuelo de Dallas con el de Springfield, Missouri, y sabíamos que teníamos poco tiempo. Cuando nos subimos al autobús para ir de la terminal D a la terminal B, estábamos algo contenciosos entre nosotros. Pero, por favor, no sea tan duro con nosotros: eran las diez de la noche, ya habían pasado dos horas de nuestro horario para ir a dormir. Cuando nos subimos al autobús, todos los asientos estaban ocupados, y tuvimos que quedarnos de pie con todo nuestro equipaje. ¿Se imagina a dos personas exhaustas de casi setenta años, que tratan de mantener la calma? Cuando el autobús arrancó para partir, Norma no se estaba sosteniendo. Ya sabe lo que pasó... ocurrió todo en cámara lenta, y Norma se cayó redonda al piso. Levantó la vista hacia mí y me vio sonreír. Entonces sonrió. Lo único que pudimos hacer fue reírnos.

No llegamos a tomar el vuelo. Ahora teníamos que conseguir un hotel. En vez de pensar que estaba todo perdido, Norma me recordó cuántas veces habíamos salido airosos. Yo sabía que no éramos perfectos, pero también sabía que podíamos seguir adelante. En cierto sentido, el matrimonio es como un grupo hogareño. Cuando usted motiva a su cónyuge a ver las cosas desde una perspectiva general, le infunde vitalidad.

## 4. Elogie a su cónyuge

Por último, elogie todo lo que haga su cónyuge que le infunda vitalidad o gozo a su vida o a la vida familiar. Un hombre que volvía de una reunión de Cumplidores de Promesas decidió que tenía que ser más expresivo con su esposa. Un día, mientras él se duchaba, se dio cuenta de que se había olvidado la toalla. Pegó un salto al pasillo para agarrar una toalla, y vio a su esposa en la cocina. Dado que quería cumplir la promesa que había hecho en la reunión, decidió sorprenderla con un efusivo abrazo. Así que corrió a la cocina, abrazó efusivamente a su esposa y exclamó: "¡Te amo, querida!".

Todo era perfecto hasta que escuchó un ruido detrás de él. Al darse la vuelta, ¡se horrorizó al ver a una vecina sentada a la mesa!

Aunque esta esposa se sintiera muy avergonzada, debe reconocer y elogiar el esfuerzo positivo de su esposo. Es como una cuenta bancaria. Las palabras de elogio son como ingresar un millón de dólares. Cada vez que hace un ingreso en la cuenta corriente de su esposo, le está infundiendo vitalidad. Sin embargo, cada vez que lo critica, está retirando de su cuenta la vitalidad que tanto necesita. Lamentablemente, si a fin de mes se ha retirado más de lo que se ha ingresado en su relación, corre el riesgo de caer en la bancarrota de su cuenta emocional. Mientras ayuda a su esposo a cumplir las promesas matrimoniales, procure mantener un saldo mucho más alto en la cuenta de las palabras de aliento.

# La transformación de su matrimonio

Al leer sobre las cosas que debilitan un matrimonio, tal vez descubra que existen entre uno y cuatro factores que pueden impedir que su matrimonio alcance su máximo potencial. ¡La buena noticia es que nunca es demasiado tarde para revertir las cosas! Aunque esté a punto de darse por vencido, puede transformar su relación por completo si acepta la responsabilidad personal de sus acciones y actitudes, confía en que Dios hará un milagro, trata de sanar las heridas abiertas y recibe consejería cristiana.

## Acepte su responsabilidad personal

En Gálatas 6:5, Pablo afirma que "cada uno llevará su propia carga". En otras palabras, somos responsables de nuestra propia conducta. Eso quiere decir que usted tiene que dejar de señalar a su cónyuge con el dedo y, en cambio, pararse frente a un espejo. Escudriñe su propio corazón y analice sus acciones y actitudes. Nos gustan las palabras de Gálatas 6:2, solo tres versículos antes, que dice: "Sobrellevad los unos las cargas de los otros, y cumplid así la ley de Cristo". Preferimos compartir la culpa, las faltas y la responsabilidad con otros. De este modo, nuestra "carga" es más liviana. Pero las Escrituras dejan en claro que hay cargas que debemos llevar solos. Y parte de esa carga son nuestras palabras y acciones, nuestros pensamientos y sentimientos.

## Confíe en que Dios hará un milagro

Lamentablemente, conozco parejas que están pasando por el proceso del divorcio, y ambos cónyuges ya están volviendo a salir con otra persona por despecho. No le dan tiempo a Dios para hacer un milagro. Si usted está pensando en la posibilidad de divorciarse, no le dé su amor a otra persona. Mantenga la mirada en Dios y en la restauración de su matrimonio. Nada va más allá de su poder. Nada va más allá de su capacidad de reconciliar o redimir. Recuerde que con Dios todo es posible. Por lo tanto, ¡no se dé por vencido aún!

Aunque haya estado intentando restaurar su matrimonio desde hace años, todavía hay esperanza con la ayuda de Dios. Entrégueselo a Él. Pídale que haga lo que usted no ha podido hacer. Todo el tiempo vemos milagros en nuestro ministerio. Nuestros amigos del *National Institute of Marriage* [Instituto nacional para el matrimonio] ven milagros todas las semanas en su programa intensivo de consejería matrimonial. No más de cinco parejas asisten por semana al seminario intensivo para matrimonios, donde pasan cuatro días (treinta y dos horas) en la tarea de salvar su matrimonio. La condición es simple: deben estar desesperados y predispuestos a que suceda un milagro.

Estas parejas, que vienen de todo el mundo, puede que se hayan divorciado, separado o iniciado el trámite de divorcio y estén a punto de firmar los papeles. Ya no soportan a su pareja ni su matrimonio. Me encanta cómo este instituto usa el ejemplo del pueblo de Israel y su penosa situación y éxodo de Egipto como paralelo del momento que atraviesa cada pareja.

La historia comienza en Egipto: la esclavitud. Luego sigue con el Mar Rojo, donde Dios realiza uno de los milagros más espectaculares de la Biblia. Divide el mar para permitir que su pueblo pase por tierra seca, y ahoga al ejército egipcio.

Cuando le pregunto a las parejas si creen en los milagros, la respuesta generalmente es:

—¡Sí!

—¿Creen que Dios salvó a su pueblo de la esclavitud de Egipto mediante un milagro?

—¡Sí!

—¿Creen que Dios abrió el Mar Rojo y permitió que su pueblo pasara por tierra seca milagrosamente?

—¡Por supuesto!

—¿Creen que Dios puede salvar su matrimonio?

Algunos han respondido:

—¡No!

Tal vez usted también crea que Dios puede salvar milagrosamente a los hebreos de la esclavitud egipcia, pero no puede salvar su matrimonio. Si Dios salvó a su pueblo, sé que también puede salvar su matrimonio. Comience por un avivamiento personal en su corazón y en su vida. Permita que el milagro comience en su propio corazón. Comprométase a hacer lo que sea necesario. Transformar su matrimonio puede costarle mucho, pero sea cual fuese el precio, ¡vale la pena! No se canse de hacer el bien (ver Gá. 6:9). No se desanime. No se dé por vencido.

## Trate de sanar las heridas que siguen abiertas

Toda buena relación experimentará una buena parte de heridas. Cuando dos personas están juntas, por mucho que se amen, harán cosas que lastimen al otro. Aunque no hayan sido con intención, esas penas y heridas emocionales son muy reales.

¿Qué heridas de su vida siguen abiertas? ¿Está albergando enojo o amargura hacia su cónyuge? ¿Hay cosas que no puede olvidar? ¿Acaso hay desavenencias o comentarios de su cónyuge que provoquen en usted un exabrupto emocional? En dicho caso, estas son señales de falta de perdón en su vida. Tal vez, sin darse cuenta, esté albergando enojo o resentimiento.

Entonces ¿cómo se puede sanar una herida que sigue abierta? Primero debe pedir perdón. Santiago 5:16 dice: "Confesaos vuestras ofensas unos a otros...". Esto nos ha traído a Amy y a mí (Ted) mucha satisfacción en nuestro matrimonio. Nos ha abierto la puerta para poder hablar de manera vulnerable y sincera sobre nuestras peleas y equivocaciones. Son muchos los días en que me dirijo a mi esposa y le digo: "Amy, necesito que me perdones por...". Esto me ayuda a desarrollar un espíritu de perdón en mi corazón.

En segundo lugar, tiene que perdonar. La Biblia nos instruye a que nos soportemos unos a otros y nos perdonemos cualquier queja que tengamos contra otro. En otras palabras, perdone como el Señor lo ha perdonado (ver Col. 3:13-14). El perdón no solo es algo que se pide, también es algo que se extiende a los demás.

Hace poco mi esposa Norma (Gary) fue al médico y se enteró de que tenía tres úlceras. Ella bromea conmigo y me dice que puede atribuirle cada una de esas úlceras a cada uno de mis grandes sueños para el futuro. Poco después de enterarme de sus úlceras, critiqué su manera de enfrentar un problema que teníamos en la oficina. Lo peor es que la critiqué delante del personal. Aquel mediodía no almorzamos juntos. A la noche le pedí perdón por enésima vez en nuestro matrimonio; pero, en esa ocasión, la respuesta fue un poco diferente. Colocó la mano sobre su estómago y dijo: "Te perdono". ¡Siempre lo hace!

## Busque consejería cristiana

Si usted tuviera un cálculo renal grande y doloroso, no andaría por allí diciendo: "Ah, no. No voy a hacer nada, porque operarme cuesta unos seis mil dólares y no quiero gastar ese dinero". ¡Aunque costara veinte mil dólares, buscaría la ayuda que necesita!

Sin embargo, muchas veces, las parejas andan por la vida extenuadas emocionalmente debido a su situación matrimonial negativa. El dolor es paralizante, pero no están dispuestas a conseguir ayuda o a pagar por ello. Si su matrimonio está en problemas, el dinero no debería ser un inconveniente. El dinero se puede conseguir. Puede pedir prestado o puede aprender a vivir con menos. Su matrimonio es demasiado importante. Busque ayuda y hágalo rápido.

Creemos en el poder de una consejería cristiana, bíblica y de calidad, como el servicio que ofrecen nuestros amigos del *National Institute of Marriage* [Instituto nacional para el matrimonio]. Carlos y Silvia habían iniciado los trámites de divorcio; de modo que el seminario intensivo para matrimonios en el instituto era un intento desesperado. Aunque durante la entrevista habían respondido que sí cuando les preguntamos si creían en los milagros, la respuesta había sido poco entusiasta.

El primer día del seminario intensivo para matrimonios, ni siquiera querían sentarse juntos en el sofá. Dado que al curso asisten cinco parejas, realmente es mejor cuando cada uno se sienta al lado de su cónyuge. Además, de este modo, los dos terapeutas se confunden menos. Carlos y Silvia aceptaron sentarse juntos; pero su lenguaje corporal expresaba: "¡No me toques!". ¿Me creería si le digo que al cuarto día se tomaban de la mano? Bueno, ¡fue así! ¿No es maravilloso? Dios hace milagros, y a veces usa a otros para que sucedan.

Me hice amigo de muchos de los terapeutas del instituto y a

cada uno de ellos lo llamo "Moisés". Del mismo modo que Dios usó a Moisés para abrir el Mar Rojo en el éxodo de los hebreos de la esclavitud de Egipto, hoy día Él usa a hombres y mujeres cristianos para hacer sus milagros en los matrimonios.

La última palabra: *¡Busque ayuda! ¡Busque consejería!*

Vale la pena salvar su matrimonio y vale la pena luchar por él. Con la gracia y fortaleza de Dios, puede cumplir con el compromiso que hizo el día de su boda, y ser testimonio de redención y restauración para aquellos que lo rodean.

En el próximo capítulo, veremos qué significa terminar bien. Le diremos cómo asegurarse de que su matrimonio siga siendo fuerte hasta el final. Luego veremos el verdadero fundamento del compromiso y concluiremos con una historia inolvidable sobre lo que significa amar hasta el final.

# PREGUNTAS Y RESPUESTAS

Esta pregunta la envió a nuestro sitio de la Internet un hombre que estaba pensando en la posibilidad de divorciarse.

*P:* *No entiendo qué pasó con mi matrimonio. Lo que parecía ser tan bueno antes de que nos casáramos se volvió muy, muy malo. Me pregunto si no hice la voluntad de Dios. Sé que todos tienen problemas; pero pensaba que, como soy cristiano, mi matrimonio sería diferente. Antes de casarnos, pensábamos que teníamos mucho en común, pero ahora es muy evidente que tenemos muy poco en común, especialmente porque a mi compañera no le interesa crecer en lo espiritual como a mí. No dejo de preguntarme si la persona con la que Dios quería que me casara todavía está allá afuera, en algún lugar. Fantaseo con otras personas con las que podría haberme casado y constantemente comparo a mi esposa con otras mujeres. Tal vez debería divorciarme y empezar a buscar otra esposa. Todo lo que sé es lo siguiente: me siento profundamente decepcionado con mi matrimonio y no sé qué hacer. ¿Qué fue lo que salió mal?*

*R:* En primer lugar, no creo que allá afuera exista una sola persona indicada para ser su esposa, y que usted simplemente no la encontró. Si nos basamos en la Biblia, no hay ningún pasaje de las Escrituras que diga que Dios eligió una esposa para usted antes de la creación del mundo. Por lo tanto, no crea ese mito.

En segundo lugar, en este país tenemos un problema: el trámite de divorcio es muy fácil y rápido. Nuestra cultura hace que parezca muy simple. Pero no lo es. Usted no puede tirar por la borda su matrimonio y pensar que podría ser feliz con otra mujer. Los problemas que tiene en este matrimonio es muy probable que se repitan en el próximo.

A Dios no le agrada el divorcio, pero tampoco le gustan los matrimonios desdichados. Por eso usted debe hacer todos los esfuerzos posibles para mejorar la relación con su esposa. Comience por escudriñarse profundamente. ¿Qué actitudes o reacciones habituales tiene que cambiar? ¿Qué obra tiene que hacer Dios en su corazón? ¿Cómo puede servir, alentar y dar palabras de aprobación a su cónyuge? Nada de esto es sencillo, pero su esfuerzo dará una buena cosecha para usted y su esposa.

No hay nada como la impotencia de sentir que no tenemos a quién recurrir. Como cristianos, tal vez nos *quejemos* de esto con frecuencia; pero la realidad es que siempre podemos recurrir a la Persona más poderosa y más influyente de todo el universo, y depender totalmente de Él. Dios está esperando para ayudarlo si se lo pide con sinceridad y humildad de corazón. Cuando usted atraviesa los valles de su matrimonio con Dios a su lado, desarrolla un vínculo con Él, que no se logra en los "buenos tiempos". Esos tiempos de adversidad inspiraron a David a escribir: "Jehová es mi pastor; nada me faltará... *Aunque ande en valle de sombra de muerte, no temeré mal alguno, porque tú estarás conmigo*" (Sal. 23:1, 4, cursivas añadidas). ¡Eso es tener un fuerte vínculo con Dios! David era un hombre cuyo corazón se aferraba a Dios, porque había pasado por el fuego de las pruebas, y Dios lo había guardado.

Por último, ¡busque ayuda! Aunque busque la ayuda de Dios, no olvide que Él obra a través de su pueblo. Busque un consejero cristiano de su zona que pueda ayudarle a resolver sus problemas y a volver a la senda del matrimonio que Dios diseñó para usted.

# CAPÍTULO 10

# CÓMO TERMINAR BIEN LA CARRERA

A Norma y a mí, seguir vivos nos parece un trabajo a tiempo completo. Visitas semanales a los médicos, medias especiales para que no se nos hinchen los pies, decenas de píldoras y aparatos que nos ayudan a dormir por la noche forman parte de nuestra rutina para sentirnos bien.

Hace algunas semanas, estábamos comenzando nuestra caminata vespertina por Branson Landing cuando Norma se quejó de dolor. Una de sus rodillas le molesta desde hace varios años.

—¡Huy!, es la rodilla que me lleva a mal traer hoy —me dijo Norma con la voz débil.

—Sentémonos allí, en ese banco, hasta que te sientas mejor, no hace falta que caminemos esta noche —le dije.

—No. Esta mañana le dije a mi rodilla que colaborara conmigo o la iba a pasar mal. Así que no me importa cuánto me duela. Si es necesario, la voy a llevar arrastrándola. Pero ¡vamos a caminar pase lo que pase!

Por ello la amo. Nunca se da por vencida. ¿Recuerda que en el capítulo anterior lo alentamos a comprometerse con su cónyuge para toda la vida? Recuerde que no queremos que se limite a soportar un matrimonio desastroso; queremos que el amor por su matrimonio y su cónyuge vaya en aumento con cada año que pasa.

A pesar de los achaques de nuestro cuerpo, Norma y yo todavía estamos locamente enamorados. Nos encanta hacer cosas juntos: mirar películas, ir de vacaciones, caminar, salir a comer fuera. De hecho, casi todas las noches se parecen a una cita. Hablamos de lo ocurrido durante el día, de nuestros sueños y del futuro, y disfrutamos de estar en compañía del otro. Planeamos terminar bien la carrera juntos. Pensamos crecer juntos hasta que uno de los dos deposite al otro en los brazos de Jesús.

En este capítulo, analizaremos qué significa y cómo es terminar bien la carrera en un matrimonio. Una gran relación no solo tiene que ver con un buen comienzo... también tiene que ver con terminar la carrera con gracia y fortaleza.

## Terminar juntos

Uno de los aspectos más significativos de un matrimonio saludable es el compromiso, que incluye aprender a terminar bien la carrera.

---

### La evolución de un matrimonio saludable

| Expectativas insatisfechas | Descubrimiento | Responsabilidad personal | **Compromiso** |
|---|---|---|---|
| [capítulo 1] | [capítulos 2-5] | [capítulos 6-8] | [capítulos 9-11] |

---

En Eclesiastés 7, Salomón dice que es más importante pensar en el final que en el principio. Incluso llega a decir que si tuviéramos la posibilidad de elegir entre ir a un funeral o a un banquete, deberíamos elegir ir al funeral. ¿Por qué? Porque el funeral le dejará muchas más enseñanzas acerca de la vida.

No deberíamos pasar nuestros días intentando engrandecer nuestro propio nombre. Como cristianos, nuestra meta es engrandecer el nombre de Cristo. Estamos aquí para que el mundo lo conozca a Él, y uno de los más grandes testimonios que podemos dar es cómo amamos y servimos a nuestro cónyuge.

¿Cómo amar y servir a nuestro cónyuge de manera que honre los votos matrimoniales? En este capítulo, le daremos cuatro claves que le ayudarán a afianzar su matrimonio y terminar bien.

## Clave n.° 1: Elija el carácter por encima de la felicidad

La Biblia relata que Salomón fue el hombre más sabio de la tierra. Tenía gran conocimiento y una visión muy reveladora sobre cualquier cosa: desde cómo administrar el dinero hasta cómo tener el mejor matrimonio. Y nos reveló su sabiduría en el libro de Eclesiastés y el Cantar de los Cantares.

Una de las enseñanzas de Salomón que más me gusta se encuentra en Eclesiastés 7:3: "Mejor es el pesar que la risa; porque con la tristeza del rostro se enmendará el corazón". Al principio podría parecer un poco deprimente, pero esto es lo que Salomón realmente quiere decir: *El dolor está diseñado para formarnos.* Dios puede utilizar el dolor para moldearnos a su imagen y permitir que el fruto del Espíritu crezca en nuestra vida en mayor medida.

Al mirar atrás, recuerdo que los momentos más dolorosos de mi vida eran momentos que detestaba y que solo quería que pasaran. Quería que las cosas cambiaran. Pero ahora, me doy cuenta de que aquellos fueron momentos en los que Dios me hizo crecer, para que llegara a ser conforme a la imagen de Cristo.

Conozco a un pastor de Dallas que me contó una historia de los primeros días de su ministerio. Trabajaba de sol a sol, sin parar. Un día, su esposa volvió a casa con una maleta empacada y le dijo:

—Estoy harta. Este matrimonio es un desastre.

—Dame otra oportunidad, dame otra oportunidad, voy a escucharte —imploró el pastor.

—Nunca me escuchas —respondió ella—. Nunca te preocupas por lo que pienso. Olvídate, estoy harta.

Uno de los amigos del pastor le dijo unas palabras punzantes, pero llenas de verdad: "La Biblia está llena de información sobre la manera en que debemos vivir. Te encanta enseñar la Biblia, pero no la estás poniendo en práctica en tu propia vida".

El pastor sabía que su amigo tenía razón.

Pasó un tiempo en oración y en ayuno, y experimentó a Dios como nunca antes lo había experimentado. Le imploró que le diera otra oportunidad a su matrimonio. Y Dios fielmente respondió a su oración. Tal vez reconozca el nombre del pastor: Charles (Chuck) Swindoll.

Yo (Gary) tuve la oportunidad de hablar con Chuck Swindoll en una conferencia. Recuerdo que lo miré a los ojos y le dije:

—Chuck, tú eres uno de mis líderes cristianos preferidos. ¿Por qué crees que es así?

Chuck hizo una pausa antes de decir:

—Permíteme contestar la pregunta más adelante.

Más tarde me dijo:

—Lo único que se me ocurre es el dolor. He sentido mucho dolor en mi vida y he luchado contra él. He tenido momentos difíciles y a muchas personas no les he caído bien. Eso me convirtió en un líder.

A uno de mis amigos, que vive en la ciudad, lo promovieron y le dieron una posición de liderazgo. Recuerdo que antes que aceptara el trabajo, lo miré y le dije:

—¡Felicidades! ¿Estás preparado para que te aporreen?

—Bueno, en realidad solo estaba entusiasmado por el ascenso —respondió—. No me he puesto a pensar en ello.

—Ya verás lo bravas que son las personas —afirmé.

Simplemente me miró sin comprender.

Unas semanas después, entró en mi oficina, se desplomó sobre una silla y me dijo:

—No creo estar hecho para esto.

—Ahora te están formando para esto —le recordé delicadamente, pero con firmeza.

Este es el camino para terminar bien:

- Dios le dio un cónyuge para que usted sea santo, no para que sea feliz (la felicidad proviene de la santidad).

- El matrimonio es la mejor herramienta que conozco para hacerlo más semejante a Jesucristo.
- El matrimonio fortalece el carácter por medio de la paciencia y la tolerancia.
- El carácter no se forma de la noche a la mañana, y lo mismo ocurre con el matrimonio. Lleva mucho más que años; lleva toda la vida.
- Ninguna persona sobre la faz de la tierra lo conocerá mejor que su cónyuge, de modo que él/ella interviene en la formación de su carácter. Su cónyuge es quien le ayuda a identificar rápidamente las grietas de su armadura.

En el proceso de terminar bien, siempre elija cultivar su carácter aunque tenga que transitar un camino difícil, duro y doloroso. Aquel que permanentemente busca la salida fácil no podrá ser formado y no llegará a ser la persona que Dios diseñó que fuera.

## Clave n.° 2: Comience con el final en mente

¿Alguna vez ha visto una maratón? La línea de partida está repleta de personas listas para la carrera. Algunas de las carreras más importantes, como la maratón de Boston, parece un mar de personas. Pero ¿qué pasa alrededor del kilómetro 30? Ese mar se transforma en pequeñas gotas. Los corredores son cada vez menos. Los que al comienzo parecían llenos de energía, ahora están cansados y exhaustos. Algunos caminan. Otros ni siquiera siguen en la carrera.

Comenzar algo nuevo suele ser fácil. Todos pueden empezar un nuevo trabajo o un nuevo proyecto. Y yo sin duda estoy entre esas personas. Cada vez que mi esposa Amy dice que nuestra hija necesita un nuevo arenero, me ofrezco a construirlo. Después de todo, ¡eso es fácil! Voy a la ferretería local y compro todo lo que necesito. Pero en algún punto entre comprar la madera y martillar los clavos de las primeras tablas, mi entusiasmo languidece.

Me distraigo. Termina el día, y cuando llega la mañana siguiente, el arenero es la última cosa en la que pienso. Comenzar un proyecto en la casa es fácil. Terminarlo, bueno, eso es algo totalmente distinto.

Podría decirse lo mismo sobre nuestro caminar cristiano. Aceptar a Cristo fue el principio de una gran aventura. No podía dejar de contárselo a sus amigos. Quería estar todo el tiempo en la iglesia. Le encantaba estudiar la Biblia y descubrir nuevas verdades espirituales y sus aplicaciones prácticas en la vida. Orar era sencillo, sin complicaciones ni esfuerzo. Con el paso del tiempo, las cosas han cambiado. El estudio bíblico se volvió una disciplina y no un placer. Las distracciones han llegado a ser la norma en su vida de oración. Dormir hasta tarde el domingo a la mañana se ha vuelto mucho más atractivo. Puede que haya comenzado bien, pero ¿cómo le está yendo en el camino que finalmente lo llevará a la meta?

Ser una pareja de recién casados es fácil y natural para muchos. La pasión es intensa, y la intimidad es sorprendente. La relación se desarrolla de manera positiva. Pero avance treinta o cuarenta años en el tiempo. ¿Cómo se ve ese matrimonio ahora? ¿Siguen enamorados? ¿Todavía se aman? ¿Han podido atravesar situaciones económicas difíciles, pérdidas de trabajo, la crianza de los hijos, la pérdida de seres queridos y aún así valorarse uno al otro?

Me emociono y siento orgullo por las parejas que conozco, que han estado casadas durante quince, veinticinco, treinta y cinco o cincuenta años. Todas ellas pueden hablar de tiempos difíciles; pero no permitieron que esos retos definieran su relación; permitieron que los tiempos difíciles *refinaran* su relación. Tomaron lo que la vida les deparó o lo que ellos mismos se buscaron, y se volvieron más fuertes y sinceros respecto de aquello para lo que habían sido creados y llamados.

Entonces, ¿cómo comenzar con el final en mente?

1. Fomente las buenas *conversaciones*. No quiera terminar como una de esas parejas que sorben ruidosamente la sopa en un restaurante. ¿Los ha visto? Pueden estar toda una comida sin decir nada, y lo único que se oye es el ruido que hacen sus sorbidos.

2. Cultive el *compañerismo*. Busquen cosas que les guste hacer juntos. No se mueva de manera independiente. En nuestra ciudad, hay un matrimonio de ancianos que se llevan bien y siguen casados porque no hacen nada juntos. Van a distintas iglesias, duermen en cuartos separados y hasta comen en distintas partes de la casa. Una noche encontré al esposo en la puerta del cine, mientras esperaba que su esposa terminara de ver su película. ¡Santo cielo! Ni siquiera van juntos a ver la misma película.

3. Busquen la *compañía* de personas que ambos disfruten. ¿Cuántas veces ha pasado que a usted le cayera bien la esposa, pero que a su marido no le cayera bien el esposo? Y muchas veces también sucede lo contrario. Encontrar otras parejas con las que ambos se identifiquen puede ser difícil. Piense en los años después de que se jubilen y los cruceros que harán. La compañía de buenos amigos puede contribuir a que su viaje sea muy placentero.

Amy y yo aprendimos esta lección después de cometer muchos errores. Ahora esperamos con ansias que lleguen nuestros años de retiro. Mientras tanto, una buena manera de comenzar con el final en mente es disfrutar de una comida, una conversación, los amigos y un viaje a un lugar remoto. Creo que eso es lo que Salomón quiso decir cuando dijo: "Coman, beban y sean felices. Eso es todo lo que tenemos" (la paráfrasis de Ted).

## Clave n.° 3: Tenga una actitud equilibrada en los buenos y en los malos tiempos

"¡Abundancia o escasez!" Esa fue nuestra situación presupuestaria durante los primeros diez años de nuestro matrimonio. Hubo veces que pudimos derrochar dinero en nuestras vacaciones; pero al principio, no nos avergonzaba tener algunos muebles sostenidos por cajas de huevos. La mayoría de los matrimonios comienza en la categoría de "fondos escasos". Cuando se trata de los tiempos buenos y malos, inmediatamente pienso en los tiempos de abundancia y los tiempos de necesidad.

El apóstol Pablo decía que las circunstancias no determinaban su actitud. Su actitud se centraba en Cristo, no en su entorno: "No lo digo porque tenga escasez, pues he aprendido a contentarme, cualquiera que sea mi situación. Sé vivir humildemente, y sé tener abundancia; en todo y por todo estoy enseñado, así para estar saciado como para tener hambre, así para tener abundancia como para padecer necesidad. Todo lo puedo en Cristo que me fortalece" (Fil. 4:11-13). ¡Esa sí que es una actitud equilibrada y cristocéntrica!

Uno de los motivos principales que se alegan para el divorcio es el dinero. Pero debo aclararles que el dinero no ha ocasionado ni un solo divorcio. El dinero no es la raíz de todos los males. Es el amor al dinero (o la actitud que se tiene hacia él) lo malo. Cuando diga: "En la riqueza y en la pobreza", piense que tendrá muchas posibilidades de comenzar en la pobreza.

En el Antiguo Testamento, Job tuvo "buenos tiempos". Tenía una familia, dinero en el banco y salud. Pero en el reto más difícil de su vida, su fe se puso a prueba. Después de perder a sus hijos, sus posesiones y su salud (lo que yo llamaría los "tiempos malos"), su esposa se hartó. No podía entender la prueba y hasta llegó a rogarle a su esposo que se diera por vencido y se muriera: "Entonces le dijo su mujer: ¿Aún retienes tu integridad? Maldice a Dios, y muérete. Y él le dijo: "Como suele hablar cualquiera de las mujeres fatuas, has hablado. ¿Qué? ¿Recibiremos de Dios el bien, y el mal no lo recibiremos? En todo esto no pecó Job con sus labios" (Job 2:9-10).

¿Conservará su matrimonio el equilibrio entre los buenos y los malos tiempos? ¿Permitirá que los problemas los unan o los separen más?

## Clave n.° 4: Tome la decisión de conservar su matrimonio

Cuando le decimos que tome la decisión de conservar su matrimonio, no hablamos de seguir casado en una situación de maltrato. De ningún modo lo alentamos a continuar en una relación en donde hay actividad delictiva, maltrato físico, abuso de drogas, adulterio reiterado o la imposición de pornografía a los hijos o al cónyuge.

Cuando le aconsejamos que conserve su matrimonio, nos referimos a los problemas triviales que hoy día se esgrimen en la mayoría de los divorcios. Demasiadas parejas con las que hablamos utilizan razones débiles para tratar de justificar su divorcio: "Simplemente nos hemos distanciado"; "ya no tenemos las mismas opiniones"; "perdimos ese sentimiento de amor"; "no podemos superar nuestros problemas económicos". Estos no son motivos para divorciarse.

Decida por qué cosas vale la pena discutir. No todo debe ser una batalla campal. Es preferible pasar por alto y, definitivamente, no machacar sobre las manías y las rarezas de la personalidad del otro que nos molestan. Además, elija sus palabras. No utilice la palabra que comienza con "D" ni siquiera como el remate de una broma. No haga chistes con palabras como "mi futura pareja" o "te voy a cambiar por otro/a", ni cualquier frase de ese tipo. Y seleccione a su audiencia. Vivan el compromiso uno con el otro y en el matrimonio delante de sus hijos. Ellos necesitan seguridad, especialmente si alguna vez sintieron o escucharon la amenaza del divorcio.

## El fundamento del compromiso

El doctor Scott Stanley, codirector del *Center for Marital and Family Studies* [Centro para el estudio del matrimonio y la familia] de la Universidad de Denver, aporta varias ideas sobre cómo revitalizar su matrimonio y mantener el compromiso hecho uno al otro. Creemos que las ideas del Dr. Stanley le ayudarán a terminar bien la carrera. Considere estos cinco acuerdos para hacer con su cónyuge, con el fin de que dure su matrimonio:

1. Nos ponemos de acuerdo en incrementar nuestro nivel de intimidad cada vez que el otro lo desee. Para ello, procuraremos escucharnos atentamente sin defender nuestras propias opiniones, sino esforzarnos en amar, comprender y validar los sentimientos y las necesidades del otro.

2. Nos ponemos de acuerdo en valorar mucho al otro y considerar al otro como lo más importante que hay en el planeta, excepto nuestra relación con Dios. Si el oro pudiera expresar la manera en que honramos al otro, estaríamos casados con una persona de veinticuatro quilates.

3. Nos ponemos de acuerdo en comunicarnos con el otro con regularidad. Para ello, hablaremos y nos contaremos las cosas con sinceridad y en amor, y nos escucharemos atentamente para poder comprender y valorar la singularidad del otro. Nos comunicaremos como si estuviéramos haciendo una orden desde nuestro automóvil en un restaurante de comida rápida, donde repetimos la orden hasta que el empleado entiende lo que hemos pedido. De la misma manera, repetiremos las cosas hasta asegurarnos de que el otro haya

entendido lo que hemos querido decir. Hablaremos diariamente con la confianza necesaria para comentar nuestras opiniones, inquietudes y expectativas.

4. Nos ponemos de acuerdo en no irnos a dormir a la noche sin resolver nuestras diferencias o conflictos graves. Nos perdonaremos uno al otro cuando sea necesario. Nuestros amigos Andy y Stephanie Watson tienen una manera fantástica de resolver los conflictos "antes que se ponga el sol". Si tienen una discusión después del atardecer —que yo diría que ocurre en todo matrimonio—, convierten la lámpara de su dormitorio en el sol. Ninguno de los dos la puede apagar antes de reconciliarse. Cuando escuché esto, no pude dejar de preguntarles: "¿Cuántas bombillas de luz usan por año?".

5. Nos ponemos de acuerdo en encontrar maneras creativas de satisfacer las necesidades más profundas del otro en cuanto a la relación. A medida que entremos en años y cambiemos, nos seguiremos esforzando por comprender las necesidades del otro y buscar la manera de satisfacerlas.[1]

Tenemos, además, otras recomendaciones para que su matrimonio llegue a la meta:

1. *¡Pasen una tarde soñando juntos!* Sí, eso es, pasen toda una tarde haciendo una lista de actividades y aventuras que les gustaría hacer juntos. Si pudiera hacer cualquier cosa, sin preocuparse por el tiempo ni el dinero, ¿qué le gustaría hacer? ¿Qué quisiera hacer su cónyuge? Olvídense de la realidad por unas horas y sueñen en grande. Después, analicen las ideas en común y las características de esos sueños y deseos. ¿Incluyen viajes, estudios o actividades al aire libre? ¿Qué sueños los enriquecen a ambos? ¿Pueden cumplir

parte de esos sueños la semana que viene, el mes que viene o el año que viene? Por ejemplo, si su cónyuge quiere navegar alrededor del mundo, ¿existe la posibilidad de que usted se ofrezca como voluntario en un club de navegación local los fines de semana? Si usted quiere viajar al exterior, ¿hay algún lugar, aunque sea en su propio estado, que no hayan visitado que tenga una cultura o arquitectura distinta? Seleccionen algunos sueños y comiencen a desarrollar estrategias para hacerlos realidad. Al soñar juntos, están pintando un retrato detallado de cómo serán sus vidas juntos en los próximos años.

2. *Elaboren un plan para mantener vivo el amor.* Si espera sentir la emoción del amor, tal vez tenga que esperar mucho tiempo. Pero si toma la decisión de amar, y opta por amar todos los días de infinitas y sencillas maneras, el amor, inevitablemente, revivirá en su corazón. ¿Qué pasos puede seguir para mantener vivo el amor? ¿Qué puede hacer para escuchar mejor al otro? ¿Para comunicarse mejor? Hagan una lista de las maneras en que le gustaría mejorar para con su cónyuge y busque la oportunidad de practicarlo.

3. *Busquen juntos a Dios con regularidad.* ¿Cuándo fue la última vez que oró, realmente oró, con su cónyuge? Búsquense un tiempo para juntarse con regularidad y comentar lo que leen y descubren en la Biblia. Busquen oportunidades para orar juntos a cualquier hora del día: cuando están en el automóvil, cuando salen a caminar o simplemente cuando están sentados juntos en el sillón.

## Lo bueno de estar juntos para siempre

Uno de mis libros de texto preferidos en la universidad se llamaba *Biblical Ethics* [Ética bíblica], escrito por uno de los teólogos más brillantes del siglo xx, Robertson McQuilkin. Después de una larga y distinguida carrera en la Universidad Bíblica de Columbia (ahora llamada Universidad Internacional de Columbia), dio uno de los discursos de renuncia más impresionantes que escuché. La principal causa de su renuncia fue el compromiso de "hasta que la muerte nos separe" que formaba parte de sus votos matrimoniales:

*En mi vida, nunca fue fácil tomar decisiones sobre temas importantes; pero una de las decisiones más simples y claras es esta, porque las circunstancias así lo dictaron. Muriel, ahora en los últimos meses, parece estar feliz cuando está conmigo y casi nunca está feliz cuando no está conmigo. En realidad, parece sentirse atrapada, siente mucho temor, a veces casi terror y, cuando no puede estar conmigo, se enoja... sufre mucho. Pero cuando estoy con ella, está feliz y contenta. Por ese motivo, debo estar con ella en todo momento... y como ven, no solo se trata de que prometí estar con ella en la salud y en la enfermedad, hasta que la muerte nos separe, y soy un hombre de palabra; sino que, como dije (no recuerdo si fue en este grupo, pero sí públicamente), es lo justo. Ella se sacrificó por mí durante cuarenta años para hacer que mi vida fuera posible... por ello, aunque la tuviera que cuidar durante cuarenta años, aún estaría en deuda con ella. Sin embargo, hay muchas otras cosas... No es porque tenga que hacerlo. Es porque tengo la oportunidad de hacerlo. La amo profundamente, y como ven, para mí no es fácil hablar de esto. Ella es un encanto. Y para mí es un gran honor cuidar de una persona tan maravillosa.[2]*

La esposa de Robertson McQuilkin perdió la capacidad de comunicarse en 1995 y partió con el Señor en 2003. En los últimos ocho años de la vida de Muriel, Robertson la atendió fielmente sin poder comunicarse con ella. No solo es un héroe, es una fuente de inspiración para todos nosotros. Creemos que la historia de McQuilkin retrata algo que todos podemos aspirar en la vida:

una relación de amor profundo por nuestro cónyuge. Por ello, en el próximo capítulo, le ayudaremos a comenzar a transitar ese camino, aunque su cónyuge todavía no esté preparado.

# PREGUNTAS Y RESPUESTAS

Esta pregunta la envió a nuestro sitio de la Internet un esposo que luchaba por salvar su matrimonio.

*P:* *Mi esposa y yo casi nos separamos y divorciamos hace unas dos semanas. Gracias a Dios, decidimos tratar de salvar nuestra relación. Los dos nos amamos, pero ella "se cerró" hacia mí. En las dos últimas semanas, constantemente he tratado de lograr que ella se abra, utilizando algunas de las técnicas que aparecen en los videos, pero me siento frustrado porque está llevando mucho tiempo. Me he disculpado, he hablado con cuidado y desde el fondo de mi corazón, pero está llevando mucho tiempo y es sumamente doloroso. Ella dice que le llevó mucho tiempo llegar hasta este punto y que le llevará mucho tiempo pensar como antes. Eso es muy doloroso porque ahora me estoy dando cuenta de lo importante que ella es para mí. ¿Hay algo que pueda hacer para acelerar el proceso?*

*R:* Me emociona saber que no se dieron por vencidos y que están dispuestos a darle a su matrimonio el cuidado y el tiempo que necesita. La palabra clave es "tiempo".

Estoy casado desde hace más de cuarenta años. Amo a mi esposa cada día más. ¿Quiere saber algo? Hay algunos días en los que Norma está cerrada hacía mí. Así es. Todavía tenemos que seguir trabajando en nuestro matrimonio todos los días. Esto es lo que hace que el matrimonio sea tan emocionante. Es una obra en proceso. Ahora tengo unos sesenta años, pero Dios todavía está trabajando en mí. Él aún no ha terminado conmigo.

Mientras leía su mensaje, se me ocurrieron dos claves para que su relación prospere.

En primer lugar, "acelerar el proceso" da a entender que tiene un objetivo en mente y que una vez que lo alcance, todo será perfecto. No se olvide de que usted, su esposa y su matrimonio son obras en proceso. Los cambios por lo general son lentos, y usted debe darle tiempo a su esposa para que se sane y se recupere. Además, sus esfuerzos no terminan cuando logre que ella se abra como usted desea.

En segundo lugar, tómese este tiempo para trabajar sobre su persona. ¿Qué hizo usted para que ella se cerrara? Aprenda de esto. ¿Qué le está enseñando Dios? Escudriñe su corazón profundamente y crezca todos los días en el poder de Cristo.

Lo más probable es que sea contraproducente tratar de acelerar la recuperación de su esposa. Trabaje en la única persona que usted puede cambiar: ¡usted! Por favor, no se dé por vencido ni se desanime. Gálatas 6:9 dice: "No nos cansemos, pues, de hacer bien; porque a su tiempo segaremos, si no desmayamos".

# CAPÍTULO 11

# POR DÓNDE EMPEZAR

Jennifer invitaba a su esposo a la iglesia todos los domingos. Cuando recuerda de qué manera lo invitaba, dice que más bien se parecían a aguijones que le clavaba:

—Los chicos y yo vamos a la iglesia... A ver cuándo te decides a ir.

Esteban hacía caso omiso de sus invitaciones y actuaba como si estuviera ocupado en la casa o agarraba las llaves como si tuviera que salir para hacer una diligencia.

—Es el único día que tengo libre para hacer las cosas —solía responder.

Jennifer se sentía muy frustrada cada vez que iba a la iglesia domingo tras domingo sin Esteban. Aunque "avergonzada" es una palabra que describe mejor lo que sentía. Las personas se mostraban realmente interesadas y le preguntaban sobre Esteban y su trabajo; pero a menudo Jennifer sentía que le estaban diciendo: "Pobre mujer, está casada con un hombre que está mal espiritualmente".

Cuando (Ted) me reuní con Jennifer, solo le llevó una sesión entender el principio de la responsabilidad personal. El reto que le propuse fue sencillo: "Jennifer, deje de invitar a su esposo a la iglesia. Esto es lo que quiero que haga. El próximo domingo, levántese, prepare a los niños, despídase de Esteban con un beso y deséele un gran día. Mejor aún, invítelo a encontrarse con usted y con los niños para almorzar si tiene tiempo".

Jennifer se dio cuenta de qué se trataba. No era un método de manipulación. Era simplemente dar un paso atrás para que Dios pudiera hacer lo que solamente Él puede hacer: cambiar el corazón humano.

Jennifer aceptó ese consejo y lo puso en práctica durante cuatro semanas seguidas hasta que un día escuchó que su esposo le decía: "Oye, creo que este domingo iré a la iglesia con ustedes". Fue a la iglesia durante varios meses antes de entregarle su vida a Cristo. Todavía me dan escalofríos al ver cómo Dios trabaja en el corazón de las personas.

No tiene que esperar hasta que su cónyuge ajuste las expectativas de él o cumpla las suyas. El camino hacia la responsabilidad personal comienza independientemente de su pareja: en realidad, ¡comienza en usted! ¿Cómo empieza este proceso?

Reflexionemos un momento sobre la evolución de un matrimonio saludable:

---

## La evolución de un matrimonio saludable

Expectativas insatisfechas — Descubrimiento — Responsabilidad personal — **Compromiso**

---

Un matrimonio saludable es aquel en el que usted atraviesa etapas de autodescubrimiento y aprende a identificar sus expectativas negativas. Luego decide asumir la responsabilidad personal de sus actos y reacciones. Por último, asume el compromiso de honrar su matrimonio y a su cónyuge.

En este capítulo, le ofreceremos tres pasos que producen un matrimonio saludable, aunque su cónyuge todavía no esté atravesando este proceso con usted.

## Tres pasos que producen una relación saludable

Si espera hasta que su cónyuge cambie para asumir la responsabilidad personal de lo que usted puede cambiar en su propia vida, tal vez nunca vea un cambio positivo en su matrimonio. Por ello, procure ser el agente de cambio en su relación y comience a demostrarle a su cónyuge cuán comprometido está. A continuación, señalaremos tres maneras infalibles de mejorar la salud de su matrimonio.

## Paso 1: Fortalezca a su cónyuge con palabras de aliento

Me gusta lo que dijo la madre Teresa: "Las palabras amables pueden ser breves y fáciles de decir, pero su eco es verdaderamente infinito". Tal vez su cónyuge se sienta desalentado, frustrado y cansado, no solo al final del día, sino todos los días. Tal vez esté atravesando una etapa de la vida en la que todo parece difícil. Por ello es tan importante dar aliento y esperanza.

Pablo les recordó a los tesalonicenses: "Por lo cual, animaos unos a otros, y edificaos unos a otros, así como lo hacéis" (1 Ts. 5:11). Pablo está animando a las personas a tener cuidado con lo que dicen, a amarse y darse ánimo unos a otros. Esto atañe a las interacciones de todos los días, que incluyen a su matrimonio.

Hace poco, mi amigo Scott Weatherford me contó la tierna historia de la muerte de su padre. El día de su muerte, su familia estaba reunida alrededor de la cama, cuando el padre de Scott le pidió a toda su familia que saliera de su dormitorio y que volvieran a entrar uno a uno. A medida que cada uno entraba a su cuarto, el padre de Scott procedía a dar una bendición para la vida de esa persona.

Cuando Scott entró en la habitación, su padre trajo amablemente a su memoria: "Estás atravesando la segunda parte de tu vida, hijo. Y sé que la segunda parte será mucho mejor que la primera. No te rindas. No te des por vencido".

Después que el padre de Scott diera la última bendición, dejó este mundo. Terminó su vida alentando a sus hijos y dándoles palabras de esperanza y vida.

¿Qué palabras le da usted a su cónyuge? ¿Cómo puede dar bendición con sus palabras?

Yo (Ted) comenté en nuestro libro *El lenguaje del sexo* que Amy siente mucha atracción por mí al verme jugar con los niños en el piso. Es algo que enciende su pasión. Una noche entró a la sala después de acostar a los niños y me dijo simplemente: "¡Eres un gran padre!". Las palabras de bendición no tienen por qué ser extensas ni profundas. Sus palabras fueron breves, pero quedaron grabadas en mi mente para siempre.

## Paso 2: Ore por su cónyuge

Cuando se trata de su matrimonio, nunca subestime el poder de la oración. A lo largo de los años, de hecho, he visto a cientos de matrimonios que estaban al borde del divorcio revivir con alegría, pasión y nuevas fuerzas por el poder de la oración.

Hebreos 4:16 enseña lo siguiente: "Acerquémonos, pues, confiadamente al trono de la gracia, para alcanzar misericordia y hallar gracia para el oportuno socorro". ¡Así es! La misericordia y la gracia que necesita para amar a su cónyuge están a su disposición todos los días. La oración es la clave. A veces, cuando ore, verá cambios inmediatos en su cónyuge; pero en otras ocasiones, la transformación será mucho más lenta. A menudo, cuando ore, el cambio más grande será en usted: en su corazón, en su perspectiva, en su actitud.

Mateo 7:7-11 nos alienta a ser persistentes:

*"Pedid, y se os dará; buscad, y hallaréis; llamad, y se os abrirá. Porque todo aquel que pide, recibe; y el que busca, halla; y al que llama, se le abrirá. ¿Qué hombre hay de vosotros, que si su hijo le pide pan, le dará una piedra? ¿O si le pide un pescado, le dará una serpiente? Pues si vosotros, siendo malos, sabéis dar buenas dádivas a vuestros hijos, ¿cuánto más vuestro Padre que está en los cielos dará buenas cosas a los que le pidan?".*

Esto significa que usted tiene la oportunidad de presentar el nombre de su cónyuge ante Dios todos los días. Nunca es demasiado tarde para comenzar a orar. Muchas veces descubro que cuando mis medidores emocional y relacional están bajos, y tengo poca energía para amar a mi esposa, no hay manera más rápida de recargarme de energía que pasar tiempo en oración. Es difícil no estar vinculado con alguien por el que se ora con regularidad. De hecho, es casi imposible. Sencillamente no se puede albergar rencor, amargura o frustración hacia alguien y, a la vez, pedirle a Dios que lo bendiga.

Imagínese a una niña de seis años en el día de su cumpleaños. Sus padres entran a hurtadillas en su cuarto, la despiertan delicadamente y le dan un regalo antes que salga para la escuela. Ella abre los ojos, pero dice con un gran bostezo: "¿Puedo dormir una o dos horas más, mami? Ayer me acosté muy tarde. Mejor abro mi regalo después".

¿Ha ocurrido esto alguna vez? ¡Claro que no! La niña ha estado pensando en ese momento desde hace varias semanas. Es probable que incluso saque a sus padres de la cama, impaciente por saber qué le van a regalar. Y seguramente les haya implorado varias veces que le dieran una pista acerca del regalo. No puede esperar para arrancar las cintas y el papel.

Para mí, en cierta manera, cada día es similar al día de cumpleaños de un niño. Trato de acercarme a Dios en oración como si fuera esa niña de seis años. Durante años he repetido las mismas oraciones; sin embargo, cada día "hago fila" y espero entusiasmado, mientras pregunto: "¿Será hoy el día, Señor?". Todo el día espero ver la respuesta a una o varias de mis oraciones. Cuando eso sucede, generalmente recibo dos cosas cuando solo pedí una. Pero ello solo duplica la gracia que desborda sobre mi vida, porque Dios carga mis baterías todos los días, sin importar cuántas cosas reciba... una, dos o ninguna.

A veces, cuando estoy repasando algún versículo de las Escrituras, como si fuera una película en mi mente, se quema la lámpara, o el proyector comienza a fallar. Casi inmediatamente aparece en pantalla una nueva película, que declara que Dios no será fiel en escucharme otra vez. Esa película que infunde duda es tan convincente que, si la miro durante mucho tiempo, pierdo las esperanzas, como cuando pienso: *No hay forma de que Dios pueda darme gozo esta vez.* Trato de apagar la película que infunde duda tan pronto como la identifico, pero a veces se sigue proyectando durante varios minutos haga lo que haga.

A veces el interruptor para apagar y encender no funciona. Cuando eso ocurre, la única solución es levantarme y salir del cine. Más tarde, vuelvo a entrar al cine de la fe y vuelvo a reanudar la película de los versículos de las Escrituras. En este caso, me gustan los reestrenos.

¿Qué es la duda? En pocas palabras, la duda es la fe negativa. La duda es permitir que la película que se proyecta en nuestra mente nos diga: *Esto nunca me va a pasar, Dios no puede hacer esto en mi vida* o *No no soy digno de recibir eso.* La duda es salirnos de la línea trazada por Dios. La duda es escuchar a los discípulos de Dios decir: "Nunca llegaremos al otro lado del lago debido a la tormenta". La duda es la viuda que se da por vencida y dice que nunca se le hará justicia. Imagínese si hubiera comparecido ante el juez cien días seguidos y luego se hubiera rendido. Nunca hubiera sabido que, de haber insistido otro día más, el juez le habría concedido su petición... ¡simplemente para que deje de molestarlo!

**Paso 3: Pídale a Dios que el cambio comience en usted**
Un matrimonio resquebrajado comienza a componerse y se restablece la comunicación cuando un miembro de la pareja está dispuesto a alcanzar la victoria y dice: "Señor, comienza conmigo. Soy el que necesita cambiar, y amar con mayor profundidad y sabiduría".

Aunque crea que su cónyuge está 100% equivocado, cuando está en la presencia de Cristo, comienza a notar que usted también tiene defectos. Comprende dónde no aceptó la responsabilidad que le correspondía en la relación matrimonial y puede decir: "Dios, cámbiame *a mí*".

Un cristiano tiene que estar comprometido a seguir el ejemplo de Cristo, que en todo momento colmó las expectativas en amor. Entonces, para empezar, deje de exigirle a su pareja que cambie su manera de ser. Y permita que Dios comience por usted.

## Vuelva a hacer el Cuestionario sobre las Grandes Expectativas

En el primer capítulo, le pedimos que hiciera el Cuestionario sobre las Grandes Expectativas. Ahora queremos recomendarle que vuelva a hacerlo y que observe cómo cambiaron sus opiniones al leer el material de este libro.

En una escala del 1 al 10, coloque un número a la izquierda de la afirmación que representa lo que esperaba del matrimonio en este aspecto. Del lado derecho de la afirmación, califique lo que ha experimentado en su matrimonio en la misma escala del 1 al 10. Por ejemplo, si esperaba poder tomarse de la mano de su cónyuge todos los días de su vida, probablemente le asigne un 10. Si tomarse de la mano no tuviera tanta importancia para usted, pero lo ha disfrutado de vez en cuando, tal vez le asigne un 5. Si no le gusta tomarse de la mano y no es importante para usted, colóquele un 1.Tenga en cuenta que estamos buscando cuáles son las brechas entre las expectativas y la realidad, porque son las brechas las que causan la tensión, la desilusión, el dolor y la frustración.

### NOTA PARA LOS QUE HACEN EL CUESTIONARIO

*Para los que aún no están casados:* Antes de dar el sí, es necesario que busque consejería o formación prematrimonial. Cuando converse sobre los distintos asuntos con un pastor o líder de confianza, hable de sus expectativas honesta y abiertamente. Use descripciones vívidas de lo que anhela, espera y desea. Imagínese un día perfecto durante el primer año de su matrimonio, el quinto año, el décimo año y el vigésimo año. Asegúrese de ir más allá de "Nos amamos mucho" y responda las preguntas más profundas del corazón. Complete el "Cuestionario sobre las Grandes Expectativas" y converse sobre el puntaje con su pareja. No tema ser demasiado sincero: a largo plazo esto fortalecerá su relación.

**Para los que ya están casados:** Una advertencia: al leer la lista quizás se sienta tentado a responder: "¡Hermano, usted debe estar bromeando!", "¡Olvídelo!" o "¡Nuestro amor de adolescentes se apagó hace tiempo!". Sea cual fuese el tiempo que pasó desde que se casaron, vuelva a pensar en el día de su boda. Al leer el "Cuestionario sobre las Grandes Expectativas", ¿qué recuerda haber esperado ese día? ¿Qué recuerda haber experimentado ese día? Puede que su matrimonio esté a la deriva... por cierto tiempo; pero lo que le estamos pidiendo es que responda esta simple pregunta: ¿Tuve esta expectativa en algún momento de mi relación matrimonial?

| LO QUE ESPERABA | EXPECTATIVA | LO QUE RECIBIÓ |
|---|---|---|
| | 1. *Tendremos hijos. (Si no pueden tener hijos, imagine el dolor de una mujer que quiere ser mamá y de su esposo que quiere ser papá).* | |
| | 2. *Tendremos muchos hijos.* | |
| | 3. *Tendremos pocos hijos.* | |
| | 4. *Largas caminatas por la playa. (Caminaremos sin otro propósito que relacionarnos. A solas con mi cónyuge, con la arena entre los dedos de los pies, los pantalones arremangados y la marea que se acerca).* | |
| | 5. *Él será un líder espiritual. (Oraremos juntos, tendremos devocionales diarios y asistiremos a la iglesia con regularidad).* | |

| LO QUE ESPERABA | EXPECTATIVA | LO QUE RECIBIÓ |
|---|---|---|
| | 6. *Ella sabrá cómo sujetarse.* | |
| | 7. *Asistiremos regularmente a la iglesia.* | |
| | 8. *Una linda casa. (Imagínese una cerca blanca, muebles y un patio trasero, o un departamento en el centro de la ciudad. Quizá no sea necesariamente su primer hogar, sino su hogar unos años después).* | |
| | 9. *Vacaciones románticas. (Cruceros, casas en la playa o cabañas apartadas en las montañas. La experiencia de la luna de miel se repetirá por lo menos una vez al año).* | |
| | 10. *Vacaciones regulares. (Mi cónyuge se tomará tiempo sin trabajar cada año para dedicarle una semana completa a nuestro matrimonio y nuestra familia).* | |
| | 11. *Conversaciones profundas. (Cuando éramos novios, pasábamos horas al teléfono. Nunca existirá el día en que sienta que me está "apurando" para cortar. A mi cónyuge siempre le encantará el sonido de mi voz).* | |
| | 12. *Jactarse del otro en público. (Cuando éramos novios, hablábamos maravillas del otro con nuestra familia y amigos, y mostrábamos fotos del otro en cada oportunidad. Esto seguirá siendo así durante todo nuestro matrimonio).* | |
| | 13. *Cortesía. (Abrirle la puerta a la dama, acomodarle la silla, ofrecerle la chaqueta en una noche de frío).* | |
| | 14. *Amabilidad. (Siempre intercambiaremos palabras positivas y alentadoras al comunicarnos).* | |
| | 15. *Apartarse de las amistades. (Sé que una vez que nos casemos, mi cónyuge ya no deseará pasar mucho tiempo con sus amistades. Estar conmigo tendrá mayor prioridad que pasar tiempo con sus amistades).* | |

| LO QUE ESPERABA | EXPECTATIVA | LO QUE RECIBIÓ |
|---|---|---|
| | *16. Tiempo con las amistades. (Mi cónyuge me permitirá disfrutar mucho tiempo con mis amistades. Después de todo, necesitamos tener amistades fuera del matrimonio para enriquecernos en la vida).* | |
| | *17. Gran contacto visual. (Cuando yo hable, todo se detendrá porque lo que yo diga será algo preciado para él/ella. Mi cónyuge dejará de lado cualquier distracción para concentrarse en mí).* | |
| | *18. Tomarnos de la mano. (Nos tomaremos de la mano todo el tiempo, en el cine, en el automóvil, en el centro comercial, en la iglesia e incluso en casa).* | |
| | *19. Paciencia. (Nunca nos cansaremos de repetir las cosas cuando el otro no entienda lo que decimos).* | |
| | *20. Vestirnos bien para nuestras salidas y noches especiales. (Mi cónyuge siempre tendrá buen gusto a la hora de vestirse cuando salgamos juntos).* | |
| | *21. No cambiaremos. (No permitiremos que ni nuestra personalidad ni nuestra pasión cambien o se apaguen con el tiempo).* | |
| | *22. Salidas. (Tendremos salidas regulares, como ir a cenar fuera o ir al cine, y nada interferirá con ello).* | |
| | *23. La mirada que dice: "Me alegro de verte". (Cuando llegue a casa del trabajo, siempre habrá una eufórica respuesta de entusiasmo por estar con el otro).* | |
| | *24. Los medios de comunicación no consumirán nuestro tiempo. (Nuestro tiempo frente al televisor se limitará a uno o dos espectáculos o programas deportivos por semana).* | |
| | *25. Libertad de las adicciones (No dejaremos que el abuso de sustancias, el alcohol y la pornografía destruyan nuestro matrimonio).* | |
| | *26. Amor incondicional. (Mi cónyuge me amará incluso cuando yo esté atravesando momentos emocionalmente difíciles).* | |

| LO QUE ESPERABA | EXPECTATIVA | LO QUE RECIBIÓ |
|---|---|---|
| | 27. *Salud física. (Seguiremos teniendo salud durante todo nuestro matrimonio. No tendremos que cuidar del otro en una grave enfermedad).* | |
| | 28. *Ternura/delicadeza. (Nuestras palabras aplacarán la ira, y nos alentaremos uno al otro).* | |
| | 29. *Validación. (Mi cónyuge siempre comprenderá mis miedos, mis frustraciones o mi dolor. Escucharme será siempre más importante que intentar resolver mis problemas).* | |
| | 30. *Juntos para siempre. (Nunca nos dejaremos. El divorcio nunca será una opción válida para nosotros. Estaremos juntos hasta que uno de los dos deposite al otro en brazos de Jesús).* | |
| | 31. *Acurrucarnos en el sillón. (De manera regular, tendremos noches de película con palomitas de maíz. A veces solo estaremos acurrucados sin tener nada que ver por TV. Tan solo disfrutar de la presencia del otro será suficiente).* | |
| | 32. *Hablar de lo que sentimos. (Siempre sabré cuáles son los sueños, las metas, las heridas, los complejos y las frustraciones de mi cónyuge. Nunca tendré que adivinarlos, ya que siempre tendré suficiente información).* | |
| | 33. *Gracia y perdón. (El espíritu de perdón siempre estará presente en nuestro hogar. No juzgaremos al otro, porque ambos somos imperfectos y cometemos errores. Habrá suficiente margen para el error).* | |
| | 34. *Devocionales y oración. (Tendremos un tiempo regular de devocional diario con el otro. Leeremos la Biblia, un libro o un devocional. Oraremos para dar gracias en todas las comidas).* | |
| | 35. *Limpieza. (Mi cónyuge siempre dejará los espacios limpios y ordenados, ya sea el guardarropa, la oficina, la sala o el dormitorio. Mi cónyuge siempre levantará sus cosas del piso y limpiará todo).* | |

| LO QUE ESPERABA | EXPECTATIVA | LO QUE RECIBIÓ |
|---|---|---|
| | 36. Cercanía emocional, no solo física. (Siempre existirá un vínculo entre nosotros. Nunca estaremos "en el mismo cuarto, pero ausentes mentalmente"). | |
| | 37. Humor/jovialidad. (Nunca tomaremos a pecho lo que diga el otro. Sabremos cuándo tener sentido del humor y reírnos de nosotros mismos). | |
| | 38. Siervo, sirviente o criado. (Valoraremos las oportunidades de servirnos mutuamente. Siempre seremos la clase de pareja que le vuelve a llenar la copa vacía o levanta la ropa sucia del otro. Sin reservas ni frustración, buscaremos oportunidades de servirnos mutuamente). | |
| | 39. Comidas caseras. (Mi cónyuge siempre tendrá la mesa lista, la comida en el horno y a veces incluso velas encendidas. No tendremos necesidad de cenar fuera u ordenar comida a domicilio. Las comidas serán tan buenas como las de mi mamá [o aun mejores]). | |
| | 40. Comprensión de las presiones del trabajo. (Nos esforzaremos por darle al otro un tiempo al final de un día arduo de trabajo). | |
| | 41. Reconocimiento por el trabajo y la profesión. (Mi cónyuge mostrará interés en lo que hago y lo que aporto para el sustento de la familia). | |
| | 42. Fidelidad absoluta. (Mi cónyuge solo tendrá "ojos" para mí). | |
| | 43. Facilidad para pedir "perdón". (¿Recuerda cuando eran novios? Cuando se ofendían, no solo pedían perdón fácilmente, sino que si era necesario lo volvían a repetir). | |
| | 44. Aceptación de los propios errores. (Mi cónyuge siempre será sincero respecto de sus errores y defectos de carácter). | |
| | 45. Valoración de los pasatiempos. (No tendré problema con el tiempo que mi cónyuge le dedica a sus pasatiempos, y mi cónyuge no tendrá problema con los míos). | |

| LO QUE ESPERABA | EXPECTATIVA | LO QUE RECIBIÓ |
|---|---|---|
| | 46. Cuidado en la enfermedad. (Cuando estaban de novios ¿le solía hacer su pareja atenciones como pañuelos de papel, un caldo, velas o una revista favorita para desearle una pronta mejoría? Esa misma compasión continuará durante todo el matrimonio). | |
| | 47. Frente unido. (Mi pareja jamás dejará que nadie me menosprecie. No permitirá que ni padres, ni familiares ni amigos hablen mal de mí). | |
| | 48. Protección. (Mi cónyuge arriesgará su vida para salvarme, de ser necesario. Estará pendiente de cualquier ruido que se oiga en medio de la noche y actuará inmediatamente). | |
| | 49. Compañerismo. (Nos encantará hacer cosas juntos. Nunca seremos el tipo de pareja que van por separado al cine, al centro comercial o incluso a la iglesia). | |
| | 50. Dormir juntos. (Nunca dormiremos en cuartos separados). | |
| | 51. Sexo a diario. (Las relaciones sexuales regulares impedirán cualquier problema con la lujuria). | |
| | 52. Sexo creativo. (Ahora tendré el contexto para explorar mis fantasías sexuales). | |
| | 53. Sexo rápido. (Ella se brindará a mí incluso cuando no tenga ganas). | |
| | 54. Sexo durante toda la noche. (Haremos el amor hasta que salga el sol. A menudo tendremos orgasmos múltiples). | |
| | 55. Familiares. (Amaremos a los familiares y las amistades del otro). | |
| | 56. Cariño por los padres. (Ambos nos llevaremos bien con nuestros padres). | |
| | 57. Mamá y papá. (A mi cónyuge le agradará pasar tiempo con mis padres). | |
| | 58. Historia familiar. (Mi cónyuge mostrará compasión por mi historia familiar). | |
| | 59. Aceptación de mi familia. (No juzgaremos ni criticaremos las acciones de la familia del otro). | |

| LO QUE ESPERABA | EXPECTATIVA | LO QUE RECIBIÓ |
|---|---|---|
| | 60. Tiempo con la familia política. (A mi cónyuge le encantará pasar mucho tiempo con los miembros de mi familia). | |
| | 61. Pocas visitas a los suegros. (Nuestros padres se fijarán límites saludables sin que nosotros tengamos que decírselo. Las visitas serán mínimas para poder cumplir con el mandato divino: "Dejará el hombre a su padre y a su madre, y se unirá a su mujer"). | |
| | 62. Feriados familiares. (Mi cónyuge no tendrá problema con que mi familia se encargue de organizar los feriados). | |
| | 63. Tradiciones familiares. (Mi cónyuge honrará a gusto las tradiciones de mi familia respecto a los feriados). | |
| | 64. Decisiones. (A mi cónyuge no le resultará difícil ver las cosas desde mi punto de vista). | |
| | 65. Un solo ingreso familiar. (Mi cónyuge ganará suficiente dinero para cubrir nuestros gastos de modo que yo pueda quedarme en casa con los niños). | |
| | 66. Responsabilidad financiera. (Mi cónyuge tendrá un buen trabajo, ganará un buen sueldo y proveerá para las necesidades del hogar). | |
| | 67. Seguridad financiera. (Tendremos suficiente dinero para hacer todo lo que necesitamos como familia. Podremos pagar nuestras facturas a tiempo, mantener las deudas al mínimo y donar a organizaciones de caridad). | |
| | 68. Libertad financiera. (Mi cónyuge podrá gastar dinero libremente. No necesitaremos mantener un control estricto de los gastos). | |
| | 69. Diezmo. (Daremos un mínimo del 10% de nuestros ingresos a nuestra iglesia). | |
| | 70. Ahorros. (Gastaremos menos del 100% de lo que ganemos para que podamos ahorrar). | |

| LO QUE ESPERABA | EXPECTATIVA | LO QUE RECIBIÓ |
|---|---|---|
| | 71. Donaciones. (Separaremos dinero para donar a organizaciones de caridad además de nuestro diezmo). | |
| | 72. Retiro. (Tendremos suficiente dinero ahorrado para poder dejar de trabajar a una edad razonable). | |
| | 73. Denominación congregacional. (Estaremos mutuamente de acuerdo en la denominación congregacional de nuestra familia. Mi cónyuge no criticará mi preferencia de denominación). | |
| | 74. Teología. (Fusionaremos nuestras creencias y tendremos pocas diferencias teológicas). | |
| | 75. Estilo de adoración. (Disfrutaremos del mismo estilo de adoración). | |
| | 76. Entretenimiento. (Desde la música hasta las películas, podremos encontrar un punto medio que los dos disfrutemos). | |
| | 77. Puntualidad. (Ambos seremos puntuales en las celebraciones y reuniones familiares). | |
| | 78. Buen estado físico. (Cuidaremos nuestra salud. No aumentaremos mucho de peso). | |

¿Cómo cambiaron los puntajes desde que hizo el cuestionario por primera vez? ¿En qué áreas estableció expectativas más saludables sobre su cónyuge? ¿Sobre usted? ¿Sobre su matrimonio?

## ¡Espere grandes cosas de Dios!

Queremos que usted termine el libro con la mayor de las expectativas. Hemos hablado mucho sobre las expectativas que deposita en usted mismo, su pareja y su matrimonio. Pero ¿qué hay de las expectativas que necesita depositar en Dios? Examinemos algunas de esas expectativas:

- Salmo 50:15: "E invócame en el día de la angustia; te libraré, y tú me honrarás".
- Santiago 4:8: "Acercaos a Dios, y él se acercará a vosotros...".
- Salmos 32:8: "Te haré entender, y te enseñaré el camino en que debes andar; sobre ti fijaré mis ojos".
- Juan 8:12: "Otra vez Jesús les habló, diciendo: Yo soy la luz del mundo; el que me sigue, no andará en tinieblas, sino que tendrá la luz de la vida".
- Santiago 1:5: "Y si alguno de vosotros tiene falta de sabiduría, pídala a Dios, el cual da a todos abundantemente y sin reproche, y le será dada".
- Mateo 6:14-15: "Porque si perdonáis a los hombres sus ofensas, os perdonará también a vosotros vuestro Padre celestial; mas si no perdonáis a los hombres sus ofensas, tampoco vuestro Padre os perdonará vuestras ofensas".
- 1 Juan 1:9: "Si confesamos nuestros pecados, él es fiel y justo para perdonar nuestros pecados, y limpiarnos de toda maldad".
- Jeremías 29:11: "Porque yo sé los pensamientos que tengo acerca de vosotros, dice Jehová, pensamientos de paz, y no de mal, para daros el fin que esperáis".
- Mateo 11:28: "Venid a mí todos los que estáis trabajados y cargados, y yo os haré descansar".
- Lucas 6:35: "Amad, pues, a vuestros enemigos, y haced bien, y prestad, no esperando de ello nada; y será vuestro galardón grande, y seréis hijos del Altísimo; porque él es benigno para con los ingratos y malos".
- Santiago 4:10: "Humillaos delante del Señor, y él os exaltará".
- 1 Juan 5:14-15: "Y esta es la confianza que tenemos en él, que si pedimos alguna cosa conforme a su voluntad, él nos oye. Y si sabemos que él nos oye en cualquiera cosa

que pidamos, sabemos que tenemos las peticiones que le hayamos hecho".

¡Qué maravillosa lista de promesas! Estas promesas deberían infundirnos esperanzas y expectativas de la vida abundante que solo podemos hallar en Jesús.

Diga conmigo en voz alta: "No soy Dios". Por este motivo, no podemos hacer que nuestro cónyuge cambie. Pero Dios sí puede. La Biblia dice que Él resiste a los soberbios. Eso significa que realmente se opone a ellos. No significa que Él solo se aparta del camino; sino que se opone a los soberbios. Cuando usted dice: "Puedo hacer esto solo", "puedo componer esta relación" o "haré que esta relación funcione con mis propios recursos", depende de usted mismo en vez de depender de Dios. Santiago 4:6 dice: "...Dios resiste a los soberbios, y da gracia a los humildes".

Aférrese a la gracia que Dios le ofrece: gracia para su vida, su matrimonio y su futuro. Hace algunas semanas, le dije a Amy: "Tratemos de descubrir algo grande que Dios puede hacer a través de nuestra familia, mientras nosotros tratamos de alcanzar a los que nos rodean". ¿Qué sueños desea Dios que concreten usted y su cónyuge? ¿Cómo quiere usar a su familia para cumplir con su buena voluntad entre los que están a su alrededor? ¡Lo invitamos a soñar en grande junto a nosotros y a entender lo que Dios puede lograr a través de su matrimonio saludable!

## PREGUNTAS Y RESPUESTAS

Esta pregunta la envió a nuestro sitio de la Internet una esposa que se siente decepcionada por el comportamiento de su esposo.

*P: He sido paciente con mi esposo, pero mi paciencia se ha agotado. Quiero saber qué puedo hacer para no criticarlo con dureza o querer darle instrucciones para corregir su comportamiento decepcionante.*

*R:* Guarde estos pasajes en su corazón:

*"Sin leña se apaga el fuego" (Pr. 26:20).*

*"El que guarda su boca guarda su alma; mas el que mucho abre sus labios tendrá calamidad" (Pr. 13:3).*

*"El necio al punto da a conocer su ira; mas el que no hace caso de la injuria es prudente" (Pr. 12:16).*

*"El que mucho habla, mucho yerra; el que es sabio refrena su lengua" (Pr. 10:19, NVI).*

*"El que ahorra sus palabras tiene sabiduría; de espíritu prudente es el hombre entendido. Aun el necio, cuando calla, es contado por sabio; el que cierra sus labios es entendido" (Pr. 17:27-28).*

*"En las muchas palabras no falta pecado; mas el que refrena sus labios es prudente" (Pr. 10:19).*

La Palabra de Dios es poderosa y nos da vida. Cuando critica con dureza a su esposo, actúa sobre la suposición de que surtirá efecto. Pero, ¿realmente es así? ¿Criticarlo con dureza o tratarlo como si fuera su madre produce algún cambio en él?

Hágase esta pregunta: "¿Qué parte de mí se exaspera con mi esposo?". Observe que no pregunté: "¿Qué cosas le exasperan de su esposo?". La razón es porque sencillamente hay algo en su vida que necesita escudriñar y confesar.

¿Puede ver que al escudriñarse a usted misma puede controlarse? Puede controlar sus pensamientos y sus reacciones. No puede controlar si su esposo dice algo para sacarla de quicio, pero puede controlar su manera de pensar o reaccionar a las presiones de él. Si no fuera así, la vida solo sería un complejo sistema de manipulación. Pero ¡no lo es! No es bueno que usted se centre en las cosas que cree que su esposo debe cambiar.

Mi recomendación a todos aquellos que estamos casados es que hagamos un buen uso de la palabra: antes de hablar, pensemos realmente en las palabras que utilizaremos. Mientras conduce su automóvil, piense en sus palabras. Cuide sus palabras; selecciónelas con cuidado; use menos palabras. No repita la misma palabra una y otra vez.

Proverbios 16:24 dice: "Panal de miel son los dichos suaves; suavidad al alma y medicina para los huesos". Utilice las palabras adecuadas, palabras suaves. Use solo palabras que alienten. La Biblia dice: "Ninguna palabra corrompida salga de vuestra boca, sino la que sea buena para la necesaria edificación, a fin de dar gracia a los oyentes" (Ef. 4:29).

Si cuida sus palabras y guarda su corazón de todo tipo de actitudes egoístas, su relación matrimonial le dará lo que siempre ha esperado. *¡Esta sí que es una expectativa basada en la realidad!*

# NOTAS

## Capítulo 1: Grandes expectativas

1. Algunos de nuestros lectores del oeste de Estados Unidos creen que estamos locos por hacer que este incidente parezca peor de lo que realmente es. Tenga en cuenta que Juan y Haydee nacieron y se criaron en el sudoeste de Missouri. No tenemos alces en esta región. Juan y Haydee no tenían idea de qué hacer.

## Capítulo 2: Descubra sus raíces profundas

1. Wendy Pan, "*Single Parent Family Statistics—Single Parents a New Trend?*" *EzineArticles.com*, en línea: http://ezinearticles.com/?Single-Parent-Family-Statistics—Single-Parents-a-New-Trend?&id=1552445.

2. La tasa de suicidios entre niños de edades entre diez y catorce años se ha triplicado en los últimos diez años. El doctor Nicholi dice que esto puede relacionarse directamente a los cambios en los hogares estadounidenses. Un estudio que citó muestra que los padres de los Estados Unidos pasan menos tiempo con sus hijos que los padres de cualquier otra nación, excepto Inglaterra. El estudio citó a un padre ruso que dijo que ni se le ocurriría pasar menos de dos horas diarias con sus hijos. En contraste, los datos actuales indican que el padre promedio en los Estados Unidos pasa unos veintiséis minutos diarios con sus hijos (la cifra desciende a dieciséis minutos diarios para los niños mayores de seis años). Ver Karen Owens, PhD, *Raising Your Child's Inner Self-Esteem: The Authoritative Guide from Infancy Through the Teen Years* (Cambridge, MA: Da Capo Press, 2003), p. 312.

3. "Facts for Features" datos de la oficina de censos estadounidense de 2002, en línea: http://www.census.gov/Press-Release/www/releases/archives/facts_for_features_special_editions/004109.html.

4. Norman Herr, PhD., "Television & Health" estadísticas compiladas por TV-Free America, en línea: http://www.csun.edu/science/health/docs/tv&health.html#tv_stats.

5. James Jasper, *Restless Nation: Starting Over in America* (Chicago: The University of Chicago Press, 2000), p. 71.

**Capítulo 3: Influencias culturales**

1. "Pastor Comes Clean About Porn Addiction" CBN.com, de ChristiaNet.com, 6 de junio de 2007, en línea: http://www.cbn.com/entertainment/books/PornAddiction.aspx.

**Capítulo 5: Relaciones pasadas**

1. Dennis Rainey, "What Does the Bible Say About Divorce?" FamilyLife.com, en línea: http://www.familylife.com/site/apps/nl/content3.asp?c=dnJHKLNnFoG&b=3584679&ct=4639677&printmode=1.
2. Ibíd.
3. Hara Marano, *DIVORCED? Don't Even Think of Remarrying Until You Read This, Psychology Today*, 1999, en línea: http://www.smartmarriages.com/remarrying.html.
4. Karen L. Maudlin, *"Succeeding at Second Marriages: Remarriages are more complicated and at-risk than first marriages" Marriage Partnership*, otoño de 2001, en línea: http://www.christianitytoday.com/mp/2001/003/10.52.html.
5. Natalie Nichols Gillespie, *Stepfamily Success* (GrandRapids, MI: Revell, 2007). Usado con permiso.

**Capítulo 6: Espere lo mejor**

1. "Middle C," Bible.org, en línea: http://www.bible.org/illus.php?topic_id=785.

**Capítulo 10: Cómo terminar bien la carrera**

1. Scott Stanley, Ph.D., *The Heart of Commitment: Cultivating Lifelong Devotion in Marriage* (Nashville, TN: Thomas Nelson, 1998), p. 215.
2. Dr. Jerry Nelson, "Husband, Love Your Wife!". Sermón dado el 23 de noviembre de 2003, en línea: http://www.soundliving.org/sermons/20031123.pdf.

# DR. GARY SMALLEY

Autor del éxito de ventas *El lenguaje del amor*

# TED CUNNINGHAM

## Del ENOJO a la

## INTIMIDAD

*El perdón puede transformar su matrimonio*

Junto con su pastor y buen amigo, Ted Cunningham, Smalley desprende las capas del enojo para exponer el núcleo emocional de la cólera y la amargura. Ellos le muestran cómo el hecho de hablar de ese dolor puede redundar en una intimidad profunda y un matrimonio que perdure. No permita que el enojo socave su relación más preciada. Aprenda a  edificar un firme fundamento de amor, confianza y seguridad al perdonar. Ideal para matrimonios, recién casados o novios, así como para consejeros matrimoniales y pastores.

ISBN:  978-0-8254-1787-0

# Tu media naranja

## Cómo encontrar tu pareja y desarrollar un matrimonio feliz

### Jaime Fasold

Este libro está diseñado para ser una herramienta útil para los solteros que buscan respuestas sobre el noviazgo y el matrimonio, para las parejas que están saliendo, para las parejas prometidas, o para personas que se casan de nuevo. Las parejas casadas también pueden aprovechar los consejos de este libro y encontrar formas de amar y entender mejor a su pareja.

**ISBN: 978-0-8254-0518-1**

Disponible en su librería cristiana favorita o en www.portavoz.com

*La editorial de su confianza*

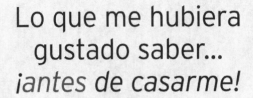

TRANSFORME
SU MATRIMONIO

SI CAMBIA SU MANERA DE PENSAR

PODRÁ DARLE UN GIRO

DE 180 GRADOS

MITCH TEMPLE

¿Qué pasaría si usted estuviera sentado en una habitación con parejas que tienen problemas, y usted y su cónyuge fueran una de ellas? ¿Qué haría falta para transformar por completo su matrimonio en un período corto de tiempo? Mitch Temple dice que se necesita un cambio de mente, de corazón, y de práctica, todo lo cual puede hacerse por dos personas dispuestas a desechar los viejos mitos y abrazar la nueva verdad.

**ISBN: 978-0-8254-1796-2**

Explica el secreto de la felicidad conyugal, el diseño de Dios para que una esposa ame a su esposo, aunque tenga defectos. Este libro proporciona valiosas ideas en importantes aspectos del matrimonio. Entre otras explica qué significa ser la ayuda idónea del esposo y qué es y qué no es la sumisión.

**ISBN: 978-0-8254-1264-6 / rústica**

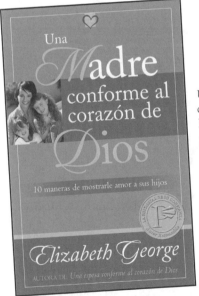

Un estupendo libro que presenta ideas para que las madres cristianas puedan nutrir a sus hijos de cualquier edad en el Señor.

**ISBN: 978-0-8254-1267-7 / rústica**

---

Disponibles en su librería cristiana favorita o en www.portavoz.com

*La editorial de su confianza*

AUTOR DE MÁS VENTA DE *LOS CINCO LENGUAJES DEL AMOR*

*El* **matrimonio**
que *siempre* ha deseado

Dr. Gary Chapman

El mensaje central del libro es: Para disfrutar "el matrimonio que siempre ha deseado", tiene que primero ser la persona que Jesús siempre ha deseado que sea. Trata entre otros los temas de la comunicación, las expectativas y el reto de cómo manejar el dinero. Este libro es continuación de *Los cinco lenguajes de amor.*

**ISBN: 978-0-8254-0504-4**

¿Yo? ¿Obedecer a mi marido?

La esposa obediente y el camino de Dios para la felicidad y la bendición en el hogar

ELIZABETH RICE HANDFORD

¡Un gran éxito de ventas! Este libro para mujeres trata bíblicamente lo que significa ser una esposa obediente. La autora presenta la enseñanza bíblica respecto al papel de la esposa en el matrimonio. Enseña el camino de Dios para la felicidad y la bendición en el hogar.

**ISBN: 978-0-8254-0509-9**

---

Disponible en su librería cristiana favorita o en www.portavoz.com

*La editorial de su confianza*